端午

中国节

文字·苏 槿
插画·萧三闲

五洲传播出版社

图书在版编目（CIP）数据

端午 / 苏槿，萧三闲著. -- 北京：五洲传播出版社，2021.2
　　ISBN 978-7-5085-4567-7

I. ①端… II. ①苏… ②萧… III. ①端午节 - 风俗习惯 - 介绍 - 中国 IV. ① K892.18

中国版本图书馆 CIP 数据核字 (2021) 第 011183 号

端午

文　　字	苏　槿
插　　画	萧三闲
出 版 人	荆孝敏
责任编辑	梁　媛
装帧设计	红方众文　张芳芳　朱丽娜
出版发行	五洲传播出版社
地　　址	北京市海淀区北三环中路 31 号生产力大楼 B 座 6 层
邮　　编	100088
发行电话	010-82005927，010-82007837
网　　址	http://www.cicc.org.cn，http://www.thatsbooks.com
印　　刷	天津图文方嘉印刷有限公司
版　　次	2021 年 2 月第 1 版第 1 次印刷
开　　本	787mm×1092mm　1/32
印　　张	5.5
字　　数	160 千
定　　价	49.80 元

国泰民安，端午安康

说起端午节，近年来在社交平台上的争议话题竟然是，是该祝"端午快乐"还是祝"端午安康"。事实上，对于端午这样一个"特殊的"传统节日来说，快乐很重要，安康更重要。

之所以说端午节特殊，是因为一向喜欢重数，并且习惯将重数日子定义为节日的中国古人，居然视"五月五"为"恶日"。而其他的重数日子，尤其是逢单的时候，都被视为吉数，都被定义为重大节日，如正月一，是新年；三月三，上巳节；七月七，七夕节；九月九，重阳节。为什么呢？按照古人的说法，农历五月，春夏交替，寒暑转换，晴雨交集，阴阳争夺，阳气上升而阴气下沉，致使地底下蛰伏的毒虫窜动，容易给人带来病害和灾难，因此被视为"毒月"，而五月初五就更是毒上加毒，"五毒"出动，必须高度警惕，因此成了一个被"特殊关照"的日子。尽管五月五不讨喜，端午却是一个颇有分量的传统节日。

按惯例，中国的传统节日都有一个明确的重大主题，新年祈福、上巳祭黄帝、清明祭祖、七夕乞巧、中秋团圆、重阳敬老。那么，端午的主题是什么呢？防疫。对于经历了各种流感，正在经受"新冠肺炎"考验的当今世界来说，这个主题是不是再应景不过？

的确，早在几千年前，中国古人就通过端午这样一个节日，将防病驱疫巧妙地植入生活，融入日常。在快乐的节日氛围里，人人防疫，祈求平安健康。

从这个意义上来说，以驱邪禳灾为主题的端午节，作为中国特色的卫生防疫日，完美地体现了传统中国社会的天人和谐观念，不仅具有民族性，更具有世界性。

虽然，按现代医学的眼光来审视，采药草、挂菖蒲、沐兰汤、喝雄黄酒，中国古人的端午节防疫手段很初级，很简陋，甚至还有些不"科学"，但在几千年的传承过程中，这些带有防疫性质的节俗活动，已然成为有着浓烈文化味道的仪式。这也符合"把节日过得更有文化味"的发展趋势。

在端午节的漫长发展历程中，文化味的沉淀也具有特殊性。除了这些与身体健康相关的防疫活动，古人们甚至为其赋予了更深层次的文化内容。

关于龙舟竞渡的起源，众说纷纭，除了极为小众的龙图腾和水神祭祀说，都跟纪念特殊历史人物有关，如伍子胥、曹娥、屈原，其中影响最大的，当然是屈原。而屈原所代表的，正是千百年来人们所推崇的正直不阿的人格与爱国主义精神，也算得上传统中国社会所公认的"普世价值"。

时至今日，人们世世代代划着龙舟，祭以粽子，感念他，追思他，既是对屈原的缅怀，是对爱国主义精神的推崇，也是对自己的鼓励与鞭策。

因此，作为一个特殊的节日，端午节不仅仅有粽子的香味，不仅仅有菖蒲、艾草、雄黄酒和咸鸭蛋的味道，还有更浓郁的、历久弥香的文化味道。

端午快乐！端午安康！

目录

序
国泰民安,端午安康 _003

第一章
五月初五是端午 _009
端午节的起源 _012
端午节之名 _027
天涯海角,共度端午 _032

第二章
端午习俗,玩出花样 _039
端午的粽子 _042
大江南北赛龙舟 _054
蛇蝎出没,端午日避五毒 _065
端午遍地是药 _069
"毒物"蟾蜍 _073
神奇的浴兰汤 _077
艾草菖蒲挂门上 _081
写符念咒画钟馗 _085

端午雨下，回娘家 _091
斗草，可文可武 _096
赠把小扇藏美意 _100
北方人过端午，射柳打马球 _104
服饰、穿戴都讲究 _111

第三章
舌尖上的端午 _ 125

汉唐臬羹的双重味道 _128
五毒饼的"铁面柔肠" _130
端午"五黄"，黄鳝首当其冲 _132
端午尝午"十二红" _135
吃蛋挂蛋，端午福气蛋 _138
糕点还是绿豆味好 _141
雄黄酒要慎饮 _145

第四章
端午节的文化味道 _151

诗词品端午 _154
画里的端午 _159
名家写端午 _168

第一章

五月初五是端午

端午

五月初五是端午。在端午这一日,通常要吃五毒饼,要佩戴五彩丝线,甚至有的地方还将端午称之为"五月节"。可见,这端午节,跟数字"五"密不可分。那为什么"端午节"不叫"端五节"呢?

与端午节相关的问题还有很多,比如:到底是先有屈原,后有端午节;还是先有端午节,后有屈原?端午节到底是为了躲避"毒月"还是为了纪念某个人?端午节为何要吃粽子?诸如此类,千百年来,众说纷纭。

从先民沐浴兰汤的遗风,到进入五月挂艾草、菖蒲,用药草水泡澡的传统,古老的端午节看起来既有满足吃货的贴心功能,亦有卫生防疫的宣传效果。所以,到底哪一个才是端午节的本来模样呢?

端午节的起源

端午节,我们要挂艾草、菖蒲以避毒,从这个习俗来看,端午的起源和"恶日说""浴兰节说"不无关系;我们要吃粽子、划龙舟,据说是为了纪念屈原、伍子胥;现在保留的端午部分习俗,又跟夏至节气的习俗部分重合,这又有了节气起源一说。

浴兰节说

"兰之猗猗,扬扬其香。"兰,一种香草名。捡插一枝,幽香盈室。兰,素雅高洁,亭亭玉立,与梅、菊、竹合称"四君子"。古人说:"兰之香,盖一国。"兰,也因此被褒有"国香""香祖""空谷佳人"之美誉。不过,这里所说的兰并非我们所熟悉的兰花,而是特指佩兰和兰草。端午节浴兰之俗,和佩兰有着密切的关系。

佩兰的栽培在我国已有两千多年的历史。相传为周文王姬昌所做的《周易》中就曾有记载:"二人同心,其利断金;同心

采兰草沐浴

之言,其臭(香气)如兰。"战国时期,楚国诗人屈原在《九歌·云中君》中写道:"浴兰汤兮沐芳,华采衣兮若英。"在诗人生活的年代和地方,人们相信鬼神之说,常常要举行祭祀活动。这两句就是祭巫唱词,说她用兰汤清洁身子,穿上锦衣华服前来迎神,以示恭敬虔诚。可见在遥远的古代,兰就是古人心中的神草。

至于五月五日的浴兰汤,最早的记录同样出现在汉代的《大戴礼记·夏小正》中："五月……煮梅，为豆实也，蓄兰为沐浴也。"这是一本反映先秦中原的农事生产与生活的科学文献。可见，五月煮梅、浴兰汤之俗在先秦时期就已形成。兰草因有奇香，人们浴兰汤，不单单效仿如屈子一般高洁的品格，更是为了祛毒以辟邪。

到了南北朝时期，此风更长，时人宗懔在《荆楚岁时记》中写道："五月五日谓之浴兰节。"可见，浴兰汤已被固定为一种节日习俗。到了唐宋时期，五月已有"浴兰之月"的说法。宋代，在端午节沐浴兰汤的风俗更为盛行。宋代文学家欧阳修是这样说的："五月榴花妖艳烘……正是浴兰时节动。"那个时候，都市里出现了很多的香汤沐浴法，这些沐浴之法由皇室流入民间，一时间，富贾乡绅都竞相追捧。

明朝人认为，兰汤虽好，但不易得，于是用了一种名为"五色草"的药草替代，后来开始选用菖蒲、艾草等常见药草，在五月五日沐浴。这在明代一本著名的随笔札记《五杂俎》中有过记录。及至清代，董元恺于《清平乐·咏菖蒲葫芦》一词中说："共喜兰汤浴罢，携来备觉芬芳。"人们依然热衷在端午节沐浴兰汤。

时至今日，民间仍然有端午节浴兰汤之说，至于选用何种药材、何种香料，这是后话。

恶日说

端午节用佩兰汤沐浴是为了祛除毒邪,至于祛除何种毒邪?为何偏偏要在这一日祛毒呢?

明代李时珍在《本草纲目》记载:"兰草,气味清香,能生津止渴,润肌肉,治消渴,黄疸。煮水,浴风病。煎水,解中牛马毒。治恶气,因气香泽可入膏涂头发。"

孔子说:"芝兰生于幽谷,不以无人而不芳。"屈原也说:"余既滋兰之九畹兮,又树蕙之百亩"。这样一种被孔子和屈原都青睐的香草,到底为何被笃定在端午这一日药性最强,适宜煎汤沐浴呢?这里牵出了一桩"恶日说"。

在中国历史上出现过很多以"辟邪"之名诞生的节日。比如,三月三上巳节,就是在水边祓禊,防疫;重阳节登高,同样旨在辟邪。而端午,就更是在防瘟避疫了。

五月,为何沦为大恶之月?初五,又为何为大恶之日?这还要说说"毒源"。自先秦时期,古人认为,太阳为万"毒"之源。东汉思想家王充在《论衡·言毒篇》云:"夫毒,太阳之热气也,中人人毒……太阳火气,常为毒螫。"

五月,我国大部分地区进入仲夏,雨水多,气候湿润,导致这个时节虫蠹病瘟流行,常令人们惴惴不安。而在《易经》中有述,"阴恶从五而生"。五月五日,因此被视为阳气最盛之时。古人相信,盛极必衰,物极必反,当阳气达到顶峰,便开始走向衰退。这在节气中也有表述，冬至，一阳生；夏至，一阴生。此时，蛇虫出没，病疫增多，南方地区潮湿闷热，人也会感到憋闷难受，的确应该慎重待之。

"恶日说"，早在春秋战国时期就开始流行。相传，战国四公子之一的田文（即孟尝君），战国时期齐国贵族，是齐威王田因齐之孙，靖郭君田婴之子。他就因生于五月五日遭父亲田婴嫌弃，还是母亲偷偷把他养大的。民间都说，五月五日出身的婴孩，男害父、女害母，所以不能将其抚养大。东汉思想家王充后来也在《论衡》中写道："夫正月岁始，五月盛阳，子以（此月）生，精炽热烈，厌胜父母，父母不堪，将受其患。"

后来的事实证明，"五月五日生子不举"之说确是无稽之谈。因此，隋唐以后，"恶日"的世俗观念便渐渐淡化，宋代已经开始有反对"恶月恶日不举五月子"的行为。但作为"恶日说"衍生出来的传统民俗，比如挂艾草、菖蒲，喝雄黄酒，佩戴香囊等却流传下来。总之，五月五日在古人看来是一个卫生防疫日，而整个五月都应该是卫生防疫月。

追念名人说

悠悠历史长河中，中国人为端午节选出了不少的代言人，更有人认为，正是因为有了一系列纪念活动，才有了端午节的诞生。

田婴遗弃孟尝君

  这些代言人中,最著名的当数屈原、伍子胥、曹娥。

  屈原(约前340～前278年),战国时期楚国诗人、政治家,出生于楚国丹阳秭归(今湖北宜昌)。伍子胥(前559～前484年),楚国人(今湖北省监利县黄歇口镇),春秋末期吴国大夫、军事家。曹娥(130～143年),会稽上虞(浙江绍兴市上虞区)人,东汉时期著名孝女。

从历史朝代来看,伍子胥最早,曹娥最晚,屈原居中,前后相差几百年,身份、地位、所处地域都不同。但如果有一场横贯古今的"端午代言人"大众评委投票活动,大概80%的投票会流向屈原。纪念屈原,在很大程度上几乎是可以和端午节画等号的。唐代诗僧文秀在一首《端午》的诗作里就曾写道:"节分端午自谁言,万古传闻为屈原。"

纪念屈原的端午节具体有些什么活动呢?要吃粽子,要划龙舟,还要喝雄黄酒。除了喝雄黄酒可以和"恶日说"起源扯上关系,吃粽子和划龙舟的习俗经后世证实,确实是起源于屈原的传说。

屈原到底是谁?他凭什么代言端午节?清末民初大学者王国维在《文学小言》里写道:"三代以下之诗人,无过于屈子、渊明、子美、子瞻者。此四子若无文学之天才,其人格亦自足千古。"意思是说,夏商周以后,能担得起"德艺双馨"之名的只有四个人,这其中就有屈原,另三人分别为陶渊明、杜甫和苏东坡。

屈原,春秋时期楚国的大臣,为人正直,一腔热血报效国家,却屡遭奸人陷害。楚怀王昏庸无道,听信谗言将屈原流放。流放途中,屈原写下著名的诗篇《离骚》《天问》《九歌》。后来,秦军攻破楚国城门,楚国灭亡。怀抱着一腔忠诚和悲愤的屈原不愿苟活于世,于公元前278年五月初五写下绝笔《怀沙》后,愤然抱石投身汨罗江(洞庭湖水系河流之一,位于今湖南省东北部)。

屈原

　　屈原死后,楚国的百姓非常哀痛,聚集在汨罗江边痛哭、凭吊。有人说,渔夫划着船去寻找屈原的遗骸,于是便有了五月初五划龙舟竞渡;有人说,凭吊的人们向江里投饭团、鸡蛋,希望鱼虾们吃饱后不要去啃噬屈原的遗体,又因为害怕饭团被蛟龙吃掉,便想出了用楝树叶来包饭,外缠彩丝的方法,于是便有了粽子;还有人说,有一位大夫告诉大家,将雄黄酒倒进江中,江中水兽喝醉后,就不会伤害屈原的遗体,这便是五月初五饮雄黄酒的另一个由头。

但是,端午节真的是为纪念屈原而设立的节日吗?事实上,自战国到汉末,都没有确切的资料表明端午节和屈原有多大关系。

西汉时期,为了加强中央集权,汉武帝将"儒家思想"提升到"官方唯一思想"高度,这就是罢黜百家,独尊儒术。既然要独尊儒术,忠君抑臣,倡导忠孝理念,就要树立一个典型。于是,文人们纷纷将目光投向历史上那些"道德领袖",分别将其与民间节俗相结合,以便于传播和推广。

比如,蔡邕在《琴操》里记载了介子推割股救主的故事,纪念介子推就成了清明寒食、祭扫习俗的源头;纪念东汉著名孝女曹娥美德的"曹娥碑"被发现,投江救父的曹娥也跟五月初五龙舟竞渡扯上了关系。而在春秋吴国所在的吴地历来有五月初五迎伍子胥的传统,于是吴国英雄伍子胥就跟五月五日划龙舟也扯上了关系。伍子胥与曹娥,同是吴越人,一个成名于屈原之前,一个成名于屈原之后,纪念二人的活动都在五月初五,很大程度上和后来的端午习俗有着密切的关系,而此间的屈原尚未与端午节结缘。

据考证,"端午"一词最早出现在西晋名臣周处所著的《风土记》中,而此时距离屈原的年代已经五百多年了。他在此书中翔实记录了端午节吃粽子,挂艾草、菖蒲的习俗,但并没有提到屈原与端午有何关系。

又过了200多年，南朝梁一个叫吴均的吴兴故鄣（今浙江安吉）人，写了一本古代中国神话志怪小说集《续齐谐记》。他在这本书里，第一次给大家讲了五月初五以粽子祭屈原的故事。据闻一多先生考证，吴均的《续齐谐记》确实是第一次将屈原和端午节"打包捆绑"。

比吴均晚几十年出生的南朝大臣、学者宗懔在《荆楚岁时记》中进一步肯定了端午节纪念屈原说。《荆楚岁时记》记端午节："是日，竞渡"。隋代杜公瞻注云："五月初五竞渡，俗为屈原投汨罗日，伤其死，故并命舟楫以拯之。"从此，端午节纪念屈原的呼声越来越高，势头渐渐盖过五月初五驱邪避毒的本意，每逢此节，大江南北千舟竞发。后来，赛龙舟发展成为端午节最具代表性和广泛性的民间活动。这位伟大诗人的祭日，演变为一场全民参与度颇高、兴致犹浓、热闹非凡的端午嘉年华。

其实，端午节在屈原等人诞生前就已经存在了。端午节是为纪念屈原的说辞，和清明节源于介子推的故事一样，为后人附会上去的。因为有了鲜活的历史人物和故事的融入，节日才充满了情怀。

宋人项安世说："俗言端午为屈原，七夕为女牛，皆附会之说也。大率人情，每两月必一聚会，而阳月必用，阳日必重之，此古人因人情而立教，示尊阳也。是故正月则用一日，三月则用重三，五月则用重五。"

屈原到底有没有在五月初五投汨罗江，并无确凿史料。而南北朝以降，端午节作为"屈原主题日"却已是社会共识，其实也是长久以来文化认同、文化传承的结果。

祭祀龙图腾说

还有一种起源说：端午节起源于古代对龙图腾的崇拜。这个说法是由闻一多先生提出的，为此他还著有一篇《端午考》来阐释：端午节的起源不仅与龙有关，端午最重要的两大习俗——龙舟竞渡和吃粽子，都跟龙有深刻的联系。

他在文中援引古代文论分析，和端午节有关的民间传说的主角，比如屈原和伍子胥都是南方人，南方多河港、产稻米，恰恰是端午划龙舟、吃粽子的先决条件。而史料中所记载的关于端午的内容，最早没有超过东汉的，实际上吴、越一带也是在东汉时期才开始开辟的。因此他推测，"端午可能最初只是长江下游吴、越民族的风俗，自从东汉以来，吴、越地域渐被开辟，在吴、越文化与中原文化的对流中，端午这节日才渐渐传播到长江上游以及北方各地。"他进一步阐述到，如果可以证明吴、越与龙有某种不可分解的关系，便可成立端午的起源与龙有着密切关系的学说。而"越人本是'龙子'……至于他们又称'禹之苗裔'，那还是离不开龙子的身份。""越与龙的关系，无论从那一方面讲来，都是不容否认的"。

基于这样的分析，闻一多最后得出结论："一方面端午节日的活动项目中,有那样多与龙有关,一方面这风俗流行的历史最久,保存的色彩最浓厚的区域,因之也可以判定为这节日的发祥地的吴越,正是古代一个龙图腾团族的分布区。然则,我们不但可以确定前面提出的假设,说端午的起源与龙有着密切的关系,并且还可以进一步推测,说它就是古代吴越民族——一个龙图腾团族举行图腾祭的节日,简言之,一个龙的节日。"

时至今日,最早可能起源于原始社会的祭龙神或者水神的祭祀活动赛龙舟,在延续了两千多年后,依然是全国各族人民、甚至是世界各国人民喜爱并热衷的娱乐活动、竞技赛事。

夏至说

中国古人有"冬至,一阳生;夏至,一阴生"的说法。意思就是,夏至阳气最盛,过了夏至,阳气一步步衰弱,直到冬至时节为最弱,开始一个新的轮回。古人认为,阴阳交替之时,恰恰呈现出恶气逼人之势。因此,需要驱邪避毒,以防不测。除了一些围绕战胜瘟疫进行的活动外,更有一项重要的活动,那就是祭神。

周代以前,已有在夏至进行祭神的仪式。《史记·封禅书》载:"'夏至日'祭地祇,皆用乐章,而神乃可得而礼也。"冬至祭天,夏至祭地,敬畏天地,是中国古人最纯朴的原始信仰。祭地之物为黍,每逢夏至来临,黍成熟,古人便尝黍而祭天地,

夏至

以此感恩天地、大自然和祖先的馈赠。春秋时期,人们用菰叶(茭白叶)包黍米成牛角状,称"角黍"(粽子的前身)。从那个时候起,祭神之物由角黍代之。夏至祭地仪式作为一种国家公祭仪式必然会对百姓产生积极的影响,于是,民间也流行起诸如吃粽子(角黍)、送瘟神、驱邪避毒等和仲夏相关的活动。这在晋朝周处所著的《风土记》中有过翔实的记载,并记录了做角黍的过程。

南北朝时期，宗懔在《荆楚岁时记》中写道："夏至节日，食粽。"可见，在当时，夏至日吃粽子是一大习俗，有人由此认为食粽习俗是在夏至而不在端午，可印证端午的夏至起源说。可是，晋朝周处的《风土记》中有这样一句话："仲夏端午，端，初也。俗重此日与夏至同。"可以这么理解，夏至和端午往往首尾相连，祭神祈福、驱邪送瘟，乃至食俗等多有重合。自东汉开始，夏至和端午进一步融合，端午节的节俗也与夏至节气有着不可分割的关系。

首倡"夏至说"者为黄石先生。1963 年，他在《端午礼俗史》一书中提出，端午节如涓涓之水发源于远古时代，三代汇为川流，秦汉扩为河，唐宋纳百川而成湖海。

端午节之名

既然端午节在五月初五过,那么为何不干脆就叫"端五节"呢?还别说,历史上的端午节,还真有过一段时期叫"端五节"。

端午还是端五

我国现存最早的一部记录传统农事的历书——战国时期的《夏小正》第一次记录了"端午"这个节日:"此日(仲夏之午日)蓄采众药,以蠲除毒气。""此日"是指仲夏的午日。采草药以避毒,是这个节日最原始的节俗意义。而东汉末年刘熙所著的《释名》中解释:"仲,中也,言位在中也。"在古语中,通常用"孟、仲、季"代指第一、第二和第三。这就说明,仲夏是指夏季的中间月份,也就是农历五月,公历的六月左右。

那什么叫"午日"呢?秦朝之前还没有农历,而是用天干地支纪年法,以天干(甲、乙、丙、丁、戊、己、庚、辛、壬、癸)和地支(子、丑、寅、卯、辰、巳、午、未、申、酉、戌、亥）按顺序相配正好六十为一周，周而复始，循环记录。干支纪年以每年立春换年。每十二天就有一个"午日"。由此，又分为了庚午、壬午、甲午、丙午、戊午。也就是说，端午不一定就在第五日，但肯定在"午日"前后。由此可见，最初的端午节并非在五月初五这个固定日子过，而是在"午月午日"（夏历冬至所在的十一月是子月，五月就正好是午月）。

先秦到两汉，"午月午日"的习俗主要围绕着"避毒"这一主题进行。仲夏向盛夏过渡，防暑降温，采药熬汤，驱赶"毒气"。

后来，随着划龙舟、吃粽子等活动自南北朝起成为人们过端午节的固定节目，"午日"渐渐成了"五日"。刚巧，五月初五又和古时一个重要的节气——夏至前后脚，或许为了方便记忆，人们便将端午节定在了"五月五日"。

"午月午日"，有可能是端午节最早的叫法。在汉以后，随着数字记日的进一步普及，"五月五日"的用法更加普及。东汉年间的《四民月令》《风俗通义》，西晋时期的《续汉书·礼仪志》，以致后来南北朝时期的《后汉书》《荆楚岁时记》等著作，皆直陈"五月五日"。那么，"端五"或者"端午"一词又从何时开始出现的呢？

据历史研究发现，《风土记》中写道："仲夏端午，端，初也。"这应该是"端午"一词最早的记录。"端"，是事情的开头；《律书》曰："午者，阴阳交，故曰午。"《说文解字》中，对"五"的释意是："五行也。从二，阴阳在天地间交午也"。既然"五"

与"午"都是阴阳交合的意思,而"五"又与"午"同音,"端五"也就成了"端午"。

隋《玉烛宝典》引用西晋《风土记》时作:"仲夏端五";宋代《岁时杂记》中,也有多处追溯使用"端五"。宋陈元靓《岁时广记》也说:"京师市尘人,以五月初一为端一,初二为端二,数以至五谓之端五。"

我们现在沿用的"端午"之名应该是在唐代被固定下来的,民间传言称,因唐玄宗生于八月初五,为避讳"五","端五"正式被定名为"端午"。南北朝以后,端午节开始加入纪念屈原的内容。也正是因为有了屈原的故事融入,使得端午在唐宋之后逐渐由一个夏季的节日摇身一变为有情怀的全国性民俗大节。

玩出新花样的端午节

唐朝人也很会玩。任何节俗到了唐代,总会以一种娱乐的新方式呈现出来。端午也不例外。曾经一度被认为非常不吉利的"恶日"也突然转变了画风,"恶日不再恶",逢凶化吉。唐玄宗时期的端午节盛况空前,宫廷里面要大摆筵席,皇帝与群臣共襄盛宴,还要赏赐百索粽,赠送新衣、扇子。民间百姓作五时图(五毒图的前身),佩长命缕,龙舟竞渡更是热闹。

宋代以降,端午节更是玩出了新花样。比如,家家户户讲究在门户上贴天师符。陈元靓的《岁时广记》引《岁时杂记》云:

"端午,都人画天师(钟馗)像以卖。"那时,北方的辽、金两国也过端午。他们的节俗在吸收汉民族传统过法的基础上,更有射柳、击鞠等娱乐活动。此时的端午节俗,真正如黄石先生所述的一般,"纳百川为湖海"。

明清时期,端午节摇身一变成为"女儿节"。明刘侗、于奕正共同撰写的历史地理著作《帝京景物略》记载在这一日,"家家妍饰小闺女,簪以榴花,曰'女儿节'。"与此同时,传统的端午民俗也在延续,如龙舟竞渡,规模还愈演愈烈,并且已不再限制于端午这一天。而在宋代流行的天师符到明清时期品种也更为繁多,有了"五雷符""纸符""五毒符""五瑞符"等等。

除了"端午",这个节日还是很多其他的叫法。这些叫法,代表了人们对端午这个节日不同的理解,端午节,也成为我国传统节日中别名最多的一个节日。比如:端阳节、重午节、天中节、浴兰节等等。

端阳节:五月同"午月",午时又为"阳辰",因此,"端午"又作"端阳"。《荆楚岁时记》也载,因仲夏登高,顺阳在上,五月正值仲夏,在第一个午日登高顺阳,遂称"端阳"。

重午节:农历五月为午月,五、午同音,五、五相重,故端午节又名"重午节"或"重五节",有些地方也叫"五月节"。

天中节:古人认为,五月五日午日太阳行至中天,达到最高点,故称这一天为"天中节"。

浴兰节:仲夏时节,皮肤好发病症,古人以兰草汤沐浴为俗，故名"浴兰节"。

粽子节：端午有吃粽子的习俗，故曰"粽子节"。古人在端午吃粽子时，还有比较粽叶长度的游戏，故而又有"解粽节"一说。

女儿节：在古时，这一日是出嫁女归宁的节日。明沈榜的《宛署杂记》曰："五月女儿节，系端午索，戴艾叶，五毒灵符。宛俗自五月初一至初五日，饰小闺女，尽态极妍。出嫁女亦各归宁。因呼为女儿节。"

菖蒲节：古人认为，五月初五，"五毒"尽出，为了驱邪避毒，家家户户要在门上悬挂艾草、菖蒲等药草，故而称"菖蒲节"。

龙舟节：龙舟竞渡最早是古代南方吴越先民祭龙的一种祭祀活动，现在则早已成为南方地区端午节的一项重要活动，故又称龙舟节。

天涯海角，共度端午

2006年5月，端午节列入首批国家级非物质文化遗产名录；自2008年起，被列为国家法定节假日。可以说，端午节是中国传统节日中关注度较高的一个，其影响力也颇大，整个东亚文化圈都有关于端午节的习俗。在我国，汉族群众要过端午节，很多少数民族群众也要过。著名民俗学家、民间文艺学家乌丙安教授曾考证，汉族、满族、蒙古族、苗族、彝族、畲族、锡伯族、朝鲜族、土家族、达斡尔族等36个民族都过端午节。端午节是我国民俗大节，但不同地区风俗各异。

不同民族的端午风俗

作为多民族同过的民俗大节，端午除了蕴含驱邪避毒、祛病消灾等基本含义外，各民族在过端午的时候还添加了不少本民族的风俗色彩，使得端午节更显丰富多彩。

聚居在贵州省黔东南苗族侗族自治州的苗家百姓，也在五月五日过端午节。在这里,端午节还有另外一个名字——"龙舟节"或者"龙船节"。苗家人要在这一日,于江上赛龙舟,不过,他们不是为了纪念屈原或者伍子胥,而是为了纪念一位当地的英雄——正直勤劳的老人故亚。除此之外,他们还要举行跑马、斗牛、踩鼓、游方(指僧人、道士为修行问道或化缘而云游四方,也是黔东南、黔南苗族青年男女公开的社交和娱乐活动)等活动。苗族人能歌善舞,每一个节日其实都是他们举办的一场"音乐会",芦笙、唢呐、竹笛、月琴齐奏,打扮靓丽的青年男女载歌载舞,通宵达旦,好不快活!

生活在黔东南山区的侗族人,也有很强的夏季卫生防疫意识。在当地,有"立夏不洗澡,全身毒疮咬"的俗语。每到立夏、端午时节,侗族人都要上山采集金银花、黄葵、节骨草、四方草等20多种草药,大锅煎煮,作沐浴用。和汉族人一样,他们也认为,立夏日或者端午日用此汤沐浴,一年不生疮毒,小孩子用后效果更佳。生活在四川大凉山的彝族人,也有端午进山采药之俗,防疫、祛毒,大家都是一把好手。

藏族人过端午的方式,和他们与生俱来的气质差不多,看上去有点"彪悍"。这一日,他们会到郊外赛马,且歌且舞,游乐兴致很浓。生活在甘肃文县一带的白马藏族人则是其中的"另类",他们将端午节过成了小清新的模样。在端午的前一天,家家户户的年轻女性要在全村老少的欢送下,由哥哥或者弟弟陪同,上山采摘鲜花,并于端午的清晨,头戴这些鲜花编织的花环赶回家,亲人们围聚在村口欢迎他们的归来。女孩子们要将鲜花送给亲人,大家一起载歌载舞。因为这样的习俗,文县白马藏族人的端午节成了名副其实的"采花节"或者"女儿节"。据说,这样的习俗是为了纪念一位教会当地百姓开荒种地,脱贫致富,后在端午这日上山采花草时不幸被狂风卷走的姑娘。

瑶族人过端午也离不开花。据说,瑶族人有端午节供花王的习俗,以祈求五谷丰登。除此之外,男女老少也要到河边洗冷水澡,亦有采草药熬汤沐浴、饮雄黄酒、挂艾叶之说。

寓居北方的朝鲜族人画风则有些不一样了。他们竟然将端午节过成了运动会。在这一日,除了有荡秋千、摔跤等传统比赛项目,新近还增加了足球、排球、乒乓球、田径比赛等,以运动的方式祛毒禳灾。

如果说朝鲜族人在端午开启了全方位的运动模式,那么,聚居在黔桂交界的龙江、都柳江上游地带的水族人则和藏族人一样,更加钟情于赛马。只是他们的赛马还多了一道程序:赛马之前,各村要推举几位德高望重的长者,身着长衫,头戴毡帽,骑上披红挂彩的马沿马道走上一遭,称之为"开道"。水族人赛马也并不比试谁快,而是比拼谁的马耐力更足,谁的骑艺更为精湛。

至于挂艾草、菖蒲,也被很多少数民族采纳。比如,主要聚居在内蒙古、黑龙江的达斡尔族人就要上山采艾草,不过,他们不挂门上,而是插在窗棂和箱柜上,甚至还要用艾草塞耳朵,据说如此可以驱虫。无独有偶,广西的仫佬族人也怕虫子,在端午这日,他们要叫来当地的"鬼师"念经驱虫,以求禾苗无恙。除此,家家户户门上也插菖蒲,妇女们更戴在头上,辟邪消灾。满族人更是将艾草赋予了神话的色彩。在他们看来,端午本要经历一场瘟灾,却因为一位老者告诉下凡体察民情的卖油翁账面算错的事情而得以避免。卖油翁告诉老者,瘟神降灾,需插艾蒿于房檐,可躲过此难。老者将此法告知众人,家家户户插艾避灾,逢凶化吉。

韩国的江陵端午祭

端午节避邪消灾的主题思想,也得到了邻国的青睐。2005年,韩国甚至抢先将"江陵端午祭"申报为"人类口头和无形遗产",一度引起轩然大波。在相关申报文件中,说明了端午节是1500年多前自中国传到韩国的节日。2009年9月,联合国教科文组织正式批准将中国端午节列入《人类非物质文化遗产代表作名录》,端午节成为中国首个入选世界非遗的节日。

在中国非物质文化遗产网上,关于江陵端午祭的记录是:"江陵端午祭是太白山脉以东的朝鲜半岛上的江陵及附近地区的节日。节日主要通过在大关岭举行一种萨满教的仪式,祭拜山神以及男国师和女国师,仪式中有传统音乐和Odokddegi民歌、官奴假面舞、口占诗和各种各样的娱乐活动。南江集市是朝鲜最大的户外集市,在这里有各式当地特产和手工艺品的买卖、比赛、游戏和马戏表演,这些已经构成了节日的另一道风景。""将祭孔仪式、萨满教仪式和佛教仪式融为一体,是端午祭的特点之一。通过仪式祭献神灵,以保当地居民生活富足安宁,因为当地居民相信自然灾害是潜在的。每年,有大量游客来观礼,并积极参与仪式的准备活动:做端午祭扇、酿造圣酒、画官奴假面、包粽子吃粽子、用艾利斯河水洗头。"

江陵端午祭脱胎于中国端午节,但他们不赛龙舟,也不纪念屈原,紧密结合了韩国民众信仰和农时活动,具有浓厚的本土特色。

日本的端午节和男孩节

日本的奈良时代与中国的唐朝中期同时期,端午节习俗大规模传入日本,到了江户时代,端午节更是由皇室推广到民间。挂菖蒲艾草、饮雄黄酒、吃粽子、骑马射箭是最主要的习俗。因为尚武,后来的日本端午节还开始流行挂鲤鱼旗(在日本,鲤鱼象征危难之际慷慨赴死的武士精神),就是一种圆筒空心、上绘鲤鱼的旗状物。它分为蓝、黑、红三种,青蓝色为主,代表男儿;黑、红色为辅,代表父母。一般家里有几个男孩子,就挂几条青蓝色的鲤鱼。和中国的"鲤鱼跃龙门"之意一样,日本的鲤鱼旗也正有此意。1948年起,日本将5月5日定为儿童节,列为公众假期。从此,端午节和儿童节(日本一年之中有三次儿童节)同在一天,还被称为"男孩节"。在这一天,人们挂鲤鱼旗,洗菖蒲水,祈祷孩子康健,祛病消灾。

一方水土造就一方风俗。每个民族在自己的端午节中,或多或少将当地的传奇人物故事融入节俗中,于是出现了更多版本的端午纪念说。但追根溯源,端午节全民性的避瘟驱疫的本质并没有改变,在不同的"民族版本""国家版本"中,端午节被演绎得更加生动传奇,情感色彩、文化内涵也变得更加丰富。

第二章
端午习俗,玩出花样

从古至今,端午节还有哪些习俗值得品味呢?诗圣杜甫说"宫衣亦有名,端午被恩荣。"说的是端午节赐衣。苏东坡说"轻汗微微透碧纨,明朝端午浴芳兰。流香涨腻满晴川。彩线轻缠红玉臂,小符斜挂绿云鬟。佳人相见一千年。"此诗描写了端午沐浴兰汤,用五彩线缠绕玉臂,以符箓斜插发髻的习俗。而欧阳修还说到"菖蒲酒美清尊共";宋人王之道说端午要在"兰房挂艾人",艾人到底又是什么呢?

今天的我们,依旧用菖蒲艾草沐浴,吃粽子,饮雄黄酒,到底图什么?五月至,热邪袭来,古人要登高眺望,近水静心。到后来,又有了挂菖蒲艾蒿,缠端午索,吃粽子,用符图驱邪,饮用雄黄酒,划龙舟……所有一切皆是为了驱邪禳灾,求得吉祥。

说到底,端午节是一个夏季的卫生防疫日,是一个祈福消灾的日子,也是一个交友娱乐的日子。端午,其实可以玩出很多花样。

端午的粽子

虽然端午节有各种活动、各种习俗,但最深入人心的,莫过于吃粽子。

粽子好吃,却非要到端午才有味。就像春节的饺子、元宵的汤圆、清明的青团一般,说到底,还是它们背后深藏的那一层蕴满情感的文化,那一个个耐人咀嚼的故事。

端午的粽子,在端午节悠久的历史发展中,一直占据着重要的位置,从不曾褪色。

粽子,包裹着中国人最原始的信仰和最质朴的情感

粽子,约诞生于春秋时期,原本不叫这个名字。中国古人敬畏天地,敬畏生命,也敬畏赖以生存的粮食,于是有了冬至祭天,夏至祭地的祭神仪式。这些祭祀仪式代表着中国古人最朴素的原始信仰。

每逢夏至来临,黍成熟,面对这样一份大自然的馈赠,中

国先民们首先想到的不是用来填饱自己的肚皮，而是用最好的收成来告慰天地、祖先。到了春秋时期，人们想到了用菰叶（茭白叶）来包黍米成牛角状，称之为"角黍"（粽子的前身）。也就是从那个时候起，祭神之物由角黍代之。渐渐地，作为国家公祭用品的角黍"飞入寻常百姓家"，夏至时分，民间也开始流行起包角黍、吃角黍。后来，随着夏至日的习俗渐渐融入端午节的习俗中，角黍也慢慢发展成为粽子，吃粽子便成为端午节的一大节俗延续至今。

屈原投江后，每逢祭日，汨罗江边的百姓总会跑去祭奠他，方式很是实在——投食。最初，人们带去的是用新竹筒盛米煮成的筒粽，后来，才开始用到角黍。

南朝人吴均在《续齐谐记》中记录到："汉建武年，长沙欧回见人自称三闾大夫，谓回曰，'见祭甚善，常苦蛟龙所窃，可以菰叶塞上，以彩丝约缚之。二物蛟龙所畏'。"也就是说，东汉建武年间，长沙国人欧回说他见到一个自称三闾大夫（屈原官职）的人对他说："你们每年投入江中的米都被蛟龙夺去。今后可用菰叶（茭白叶）包裹，缠以五彩线，蛟龙最怕这两样东西。"如果按照这个说法，那么发明粽子的是不是屈大夫本尊？虽然这则传说故事发生在东汉，但直到南北朝才第一次将屈原

角黍

和粽子联系在了一起。

跟端午节源自屈原一样,通过屈原之口改良粽子一说也是后人因缘附会上去的。汉魏之前,粽子只有夏至粽,到了南北朝,才从象征夏至时令的吃食转移到端午节日,成为端午粽。

如今,中国人在端午节吃粽子时,提及屈原,纪念屈子,无非是因为千百年来,人们早已习惯将粽子和屈原联系起来。拨开散发着清香的粽叶,粽子的香气一个劲地往外飘……中国人好这一口,不仅仅是因为它的确好吃,也是因为它包裹着一份深情,一份牵挂,一种憧憬。

历史上花样百出的粽子

夏至和端午,闷热潮湿的仲夏时节,为什么要吃粽子?这又和古人讲求的"阴阳调和"不无关系。

一开始,粽子称为角黍,黍有另外一个名字,为"火谷",古人看来,黍为阳性,故用生于水中的菰叶包裹,因为菰叶属阴。再后来,人们改用楝叶、竹叶、苇叶,皆是一样的道理。进入仲夏,上火、中暑时有发生,中医认为,竹叶和苇叶本就有清热解毒去烦之功,再经蒸煮,还能平添清香之气,如夏季早晚清爽的风,令人心智愉悦。

魏晋时期,端午食粽之俗已经开始流行。那个时候的粽子是什么馅的呢?周处的《风土记》中有详细记载:"先节一日,又以菰叶裹黏米,以栗枣灰汁煮,令熟,节日尝。煮肥龟令极熟,去骨加盐鼓麻蓼,名曰菹龟。黏米一名粳,一曰角黍,盖取阴尚阳包裹末之象也。龟表肉里,阳内阴外之形,所以赞时也。"

这段记述里讲到了角黍的馅料,是黏米加栗、枣,而"角黍"是什么呢?"角"是它的形状,也就是三角形、牛角形。"黍"是最重要的内核,添加少量栗、枣作为陪衬。"盖取阴尚阳包裹末之象也",看来吃粽子的确有调和阴阳、应和节令的意思。

晋之后,粽子玩出了各种新花样,舌尖上的粽子大赛正式拉开帷幕了!

如果说南北朝之前,粽子还多以黍米粽形式出现,口感单一,那么自南北朝开始,粽子的口味不断丰富,甜粽子、咸粽子逐渐浮出水面。人们从惦记粽子的味道开始发展为惦记何种口味的粽子。

杂粽就是自南北朝时期开始出现的。杂粽就是添加了多种馅料的粽子,而不单单只是黍一家独大。那个时候,最流行的添加物是板栗、红枣和赤豆,口味自然是偏甜的,但一些地方也开始尝试拌以少量的肉,咸粽子横空出世。

到了唐代,粽子经历了重大变革,糯米逐步取代了产量并不大的黍米,成为粽子的主料,并且延续至今。和黍米相比,糯米香滑软绵,口感更好,受到了唐朝老百姓的青睐。比如,唐朝诗人元稹就说:"彩缕碧筠粽,香粳白玉团。"看看,元大诗人唤粽子为"白玉团"。另有一位诗人姚合则说:"诸闹渔歌响,风和角粽香",风中都带着粽子的香味,可见,家家做粽、食粽风俗已经非常普遍。

百索粽

还有一位唐朝诗人窦叔向则在一首《端午日恩赐百索》中写道:"仙宫长命缕,端午降殊私。事盛蛟龙见,恩深犬马知。馀生尚可续,终翼答明时。"他说的恩赐"百索",实际上是唐时的一种"百索粽"。这种粽子的外面缠有多种丝线,或者草索。时至今日,我们依然能看到缠有五色线的粽子,就是唐之遗风。

一位非常喜欢过节的皇帝,更是在宫中大摆端午粽子宴,那就是唐玄宗。玄宗应该是对宫中的粽子宴非常满意,于是吟出了"四时花竞巧,九子粽争新"的诗句。玄宗说的九子粽,相当有牌面。这是9只串在一起的袖珍小粽,还要捆上九种不同的丝线,样子十分好看,还有多子多福的寓意,不用说,定是当年的爆款。

20世纪90年代,新疆吐鲁番出土了一串草编迷你粽子,应为唐代儿童的玩具或者配饰,虽然只有5枚,想必应该就是模拟的九子粽。可见唐朝的粽子不仅重视自身的营销包装,甚至还开发出了衍生产品。这些产品不仅畅销中原大地,在遥远的边陲也十分受欢迎,甚至还漂洋过海传到了日本。当时的日本人吃到这种时新货,称之为"大唐粽子"。

除此之外,唐代还发展出了锥粽、菱粽、秤砣粽等形状,今日我们所食的最常见的凉水粽就是典型的锥形粽。与此同时，"筒粽"也并没有销声匿迹，而是变化成了西南地区少数民族流行的竹筒饭，清香可口，只是已经与端午节无关，成为日常食品。

从古到今，粽子虽然家家做，人人吃，但总有一些人吃出了"高级感"。唐代有位四次拜相的韦巨源，发明了一道"赐绯含香粽"，听听这道菜的名字，有色，有香味，却不艳俗，足足将其他粽子名甩出几条街，堪称唐朝粽子届的米其林三星选手。

这道出自名门的粽子，据说是以糯米掺以红花香料而成，望之，呈绯红色；闻之，有香料气息；食之，有足足的仪式感。首先，这不是一道普通的菜品，一般人家吃不上，街市上自然也买不着。它专供官府宴会，是理所当然的"国宴名菜"。食用时，要先将其用丝线勒成薄片，再浇上上等蜂蜜装盘，小口抿之，方得其趣。1000多年以后的今天，西安回民街流行起一种蜂蜜凉粽子，颇有唐之古风。据说，这种粽子就是唐朝烧尾宴上的"赐

赐绯含香粽

绯含香粽"的翻版。

历史的车轮跨进宋代,这是一个相对开放又富庶的时代,人民安居乐业,特别喜欢过各种节日,尤其擅长将节日过成狂欢节。到了端午节,吃粽子是重头戏。宋代的大吃货们又是如何带货的呢?

宋代以来,粽子的色泽也不再局限于唐时的"白玉"色,开始流行起金黄色。这是因为宋代的粽子大抵都用"艾灰淋汁煮熟而食,其色如金。"(宋陈元靓《岁时广记》)诗人罗公升在《端午夫人阁》里这样描绘的:"黄金角黍照盘明,秋月弓弯斗彩赢。"这是其外表,那么内核呢?

5月,正是杨梅熟透时。大吃货苏东坡应季发明了一款杨梅粽子,更凭借一首《皇太后阁六首》带火了它。他在诗中如此写道:"上林珍木暗池台,蜀产吴包万里来。不独盘中见卢橘,时于粽里得杨梅。"在粽子里面包裹刚摘下的新鲜杨梅,甜中泛着丝丝微酸,仿佛瞬间就能浇灭大夏日的焦灼。

在我国古代,虽然杨梅、荔枝、葡萄等皆为果中珍品,但文人骚客却多偏爱杨梅。当苏东坡别出心裁地发明了一道杨梅粽后,得到了不少人的追捧,以食杨梅粽为文化风尚。

百姓的餐桌上又出现了何种口味的粽子?从宋代开始,我国蔗糖产量大大提高,很大程度上促进了甜粽子的发展壮大,占据了粽子届的大半壁江山。除了先朝的栗粽、红枣粽,还涌现出了甜度十级的各种蜜饯粽,甚至还有加入麝香之类重口味的粽子。

想来端午那几天的空气中,汴京城定是溢满了甜腻的味道。可是宋人偏偏还嫌这些甜馅的粽子味不够,还要将糖蜜淋在粽子上。南宋周密在《武林旧事》中也说到粽子是"糖密(蜜)巧粽"。至于外形,除了传统的角粽、锥粽、秤锤粽外,文艺范儿十足的宋人还用粽子堆成了亭台楼阁、木牛车马。

宋人做粽子心思用得巧,在吃法上也是想尽了招数。夏季炎热,于是汴京城里的小商贩发明了一种瞬时降温食粽法:将加有砂糖的粽子浸泡在冰水里,捞出来的时候,浑身透着清凉,吃一口下去,香甜清爽,绝对是当时汴京夏日的流行甜品。端午正值农忙时节,在地里干完活的人们,回家后从凉水中捞出一只浸泡已久的粽子,当真是既消暑又充饥。

东坡杨梅粽

当然，自宋起，一批咸味粽子也开始在各路甜粽的围攻下"夹缝中求生存"，比如蛋黄粽、猪肉粽等新品种已经上市。也正是从这个时候开始，粽子也开始成为馈赠佳品，成为人们端午走亲访友的最佳伴手礼。

元明时期，粽子的口味进一步丰富，现代人倾心的豆沙馅开始出现，另外，松仁馅、蜜枣馅、胡桃馅等都十分受欢迎。明代一部饮食大全——《竹屿山房杂部》中提到一种"猪肉醢（hǎi）料"的粽子，也就是猪肉酱的馅料。

清代不仅出现了以豆沙馅、核桃馅、枣泥馅为代表的甜粽派，咸粽派还横空出世了一款至今畅销的终极美味——火腿粽。这种粽子最早诞生于扬州洪府。

有一年的端午节，那个写《随园食单》的奇才袁枚被好友洪府老爷邀请去府上尝个新鲜玩意儿——用金华火腿做馅料的粽子。袁枚尝过后，赞不绝口，回家遂提笔记下："洪府制粽，取顶高糯米，捡其完善长白者，去共半颗散碎者，淘之极熟，用大箬叶裹之，中放入火腿一大块，封锅闷煨一日一夜，柴薪不断。食之滑腻、温柔，肉与米化。"这段记述非常平实易懂：选上好的糯米，用大箬叶（也就是粽叶）包裹好，在中间放上一大块火腿，盖好锅盖，文火慢煨一日一夜，火腿的细腻香味一点点渗透到糯米上，肉油也渐渐弥散开来，所以吃起来格外滑腻，可得"肉与米化"之感。在今天的江南，我们仍然能吃到袁枚所述的这种粽子，膏腴不腻，不仅散发着粽叶的馨香，更有令人垂涎欲滴的肉糜香气,真是绝了!

火腿粽

不同的粽子,共同的端午记忆

每逢元宵节,南方人和北方人总要为吃元宵还是汤圆争得面红耳赤。虽说粽子也有咸甜之分,按照南北方人的一般口味,也是南方偏咸,北方偏甜,但大家似乎对粽子的包容度和接受度更高。端午节即将到来的时候,南方人也会买些豆沙馅的粽子,北方人的餐桌上同样会出现来自江南的咸粽。

北京人爱用红枣、豆沙做馅,喜欢甜食的人还会在吃的时候再添点糖。今天的山东人还保留有用黍米做粽的传统,西安人则还有蘸蜂蜜而食粽的传统。

南方人的花样就更多了。除了火腿馅、蛋黄馅、也有鲜肉馅,不仅在端午节受欢迎,还常年畅销不衰。这其中,最受追捧的当推有着百年历史的五芳斋肉粽,尤其是现做现蒸的正宗五芳斋肉粽,糯而不烂、肥而不腻、肉香满溢。

五芳斋粽子诞生于鱼米之乡的浙江嘉兴,有"江南粽子大王"之称。除了驰名中外的肉粽,也有豆沙馅、蛋黄馅、莲蓉馅、蜜枣馅等甜口的。如今五芳斋粽子已经成为嘉兴的美食代表,被誉为"饮食文化的代表,对外交流的使者"。

作为闽南粽派代表的泉州烧肉粽也以其红黄闪亮的色泽,

独特的风味享誉海内外。每逢端午节,泉州人家家户户都要做肉粽,以供奉神明先祖。不过,泉州肉粽个头实在太大了,一般人一个粽子下肚就已经饱了。端午时节的泉州老街到处都有现蒸的热乎粽子售卖。香菇馅、栗子馅、猪肉馅、鸡肉馅的最受欢迎。店家端上热乎乎的粽子,往往还会配上沙茶酱、蒜蓉酱或者红辣椒酱,这是泉州人吃粽子的习惯。

吃粽子不是汉族人的专利,很多少数民族也在端午节吃粽子。乌丙安教授就曾说:"一个端午节粽子,各民族就吃出了各自的花样。畲族将粽子称为牯角,用箬叶将糯米包成四角,再用龙草捆扎,十个一串。煮粽常用灰碱水,粽子煮好后,色黄气香,可存放半月;瑶族的粽子常用糯米配腊肉条、绿豆,形似枕头。也有人在糯米中加红糖、花生等制成素馅凉粽子;毛南族的端午节亦称为"药节",他们用艾叶、菖蒲、黄姜等草药作馅包粽粑食用。"

与此同时,粽子的香味也飘向了世界各地。比如,泰国华人华侨在端午节时最重要的习俗就是吃粽子,大部分是咸味的。端午节时的柬埔寨首都金边街头,也随时可见粽子的身影。到了新加坡,一定要尝试一下当地的"娘惹粽子"。这种粽子集合了中华饮食文化和马来西亚饮食文化的精髓,用当地独特的香料"芫荽粉"配上酱油,精心腌制上等瘦肉,再配以香甜爽口的冬瓜条混炒而成,妙不可言。

从遥远的春秋走来,历经漫长岁月浸磨,端午粽子的做法也越来越多,吃法也越来越与时俱进。做粽子、吃粽子是中华民族几千年来共有的端午记忆,尤其是一家人围坐在一起,浸泡糯米,清洗粽叶,按照全家人的口味喜好包粽子的场景。一代代,一年年,粽子承载着全家人的温暖记忆,裹挟着中国人的家国情怀,成为我们独有的端午味道。

大江南北赛龙舟

端午节除了吃粽子,还有一项活动年年搞,年年新,年年人山人海,甚至还有电视直播,这就是赛龙舟。传说,人们划龙舟是为了找寻屈原的下落,召唤屈原的灵魂。

龙舟,最早出现于先秦古书《穆天子传》中:"天子乘鸟舟、龙舟浮于大沼。"可见,龙舟早在屈原之前就已经出现了。屈原的《九歌·湘君》中还描述了湘人驾驭龙船掠过水面,"石濑兮浅浅,飞龙兮翩翩"。这里的"飞龙",就是指龙舟。

此文乃祭湘君的诗文,描写了湘夫人思念湘君,临风企盼,因久候不见湘君,怨慕神伤。湘夫人盼不来故人,故而将玉环抛向江中。这大概也是战国时期的楚国"驾舟招魂"的印证。也就是说,赛龙舟最早可能起源于原始社会的祭龙神或者水神的祭祀活动。

一场关于龙舟颜值的比拼

有学者认为,在端午节俗中,有一类依照模拟巫术法则衍生出来的以"斗""争"为核心的民俗,比如旧时闺阁女子的"斗百草",北方游牧民族的射柳,以及人潮澎湃的龙舟竞渡。

龙舟,并非普通小舟小楫。一般来说,龙舟比较狭长而细窄,船头船尾的龙头龙尾是点睛之笔。龙头以木雕成,多为红色,也有黑色、灰色或者金色,除此之外,还要加以彩绘,要着重刻画龙眼、龙须。如此细碎的功夫,一只龙头做下来,往往要耗费一周的时间。

各个地方的龙脾性估计也不一样,所以各地龙舟的造型也各有姿态。贵州黔东南州镇远的龙就很狰狞,张牙舞爪,大张龙嘴,一看就有必胜的信念;而广东开平地区的龙则充满了祥和,眼睛鼓鼓的朝着天,尾巴却往里收,据说这是为了表达对对手的尊重。

除龙头龙尾外,龙身也会以彩绘修饰。至于彩绘的内容则天马行空,不拘一格了。有绘上帅旗、龙凤、花草的,一看就是大手笔;略微偷懒的,也可能只是刷上好看的色彩,远看也很华丽。

不过古人的龙舟甚是讲究。元人王振鹏所作一幅《龙池竞渡图卷》,龙身竟有数层重檐楼阁,如此精美,叫人叹为观止。难怪有很多人盼着一年一度的龙舟竞渡,竟不是为了输赢,而是为了一睹龙舟颜值。

端午竞渡，竟然还有鸟舟

南北朝《荆楚岁时记》记载，"五月五日，竞渡，俗为屈原投汨罗日，伤其死，故并命舟楫以拯之。舸舟取其轻利，谓之飞凫，一自以为水军，一自以为水马。州将及土人悉临水观之。"这里出现了"飞凫"，即飞翔的野鸭子，一支谓为水军，一支谓为水马，双方在水上比试，在当时应传承了楚越之地古老的水神祭祀仪式，也暗含了五月之上，人们在阴阳二气转换的端午时节，模拟阴阳二气激烈相争的局面。古人认为，这样的争斗可以促进人与万物的繁殖，求得人畜兴旺。但这里却没有龙舟竞渡的表述，而是一场典型的鸟舟竞渡。

端午竞渡竟然是赛鸟舟，这是何故？原来，先秦时期的龙舟，普通人也坐得，屈原的《楚辞》也尊凤贱龙的。至于那个时候的竞渡到底是龙舟或是鸟舟，莫衷一是。秦汉以来，龙已经是天子的身份象征，龙船也只能是皇家的游船，不可能成为平民百姓竞渡的赛船。宗懔在写《荆楚岁时记》时也只是提到五月五日有竞渡之俗，至于用的哪种舟，他也并没有细说。

到了唐代，出现了许多关于龙舟的诗篇，但其中好像多跟隋炀帝"龙舟误国"有关。比如，皮日休在《汴河怀古二首》中感叹："尽道隋亡为此河，至今千里赖通波。若无水殿龙舟事，

共禹论功不较多。"据说,当年运河竣工,隋炀帝率20万人出游,自己乘坐的龙舟就有四层之高,除此之外,还有"水殿"九艘,杂船无数,浩浩荡荡,极尽奢靡。

晚唐诗人许浑也在一首《汴河亭》中写道:"广陵花盛帝东游……三千宫女下龙舟……"这样大量的咏叹,竟与端午竞渡一点关系也没有。而关于端午竞渡的描述,大抵是"画作飞凫艇,双双竞拂流"(唐·张说《岳州观竞渡》)。这里看到的依然是南北朝时的飞凫,也不是龙舟。但当时到底有没有龙舟竞渡,也不敢妄下结论。

到了宋代,龙舟竞渡的描绘已经非常细致了。北宋孟元老在《东京梦华录》中记载:"有小龙船二十只,上有绯衣军士各五十余人,各设旗鼓铜锣。船头有一军校,舞旗招引……须臾,水殿前水棚上一军校以红旗招之,龙船各鸣锣鼓出阵,划棹旋转……又见旗招之,则两行舟鸣鼓并进,捷者得标,则山呼拜舞。"龙船上有旗鼓铜锣,最后以夺取锦标为胜。研究表明,竞渡的时间在三月一日至四月八日之间,且应该是皇家专属游戏。

真正的民间龙舟竞渡,则很可能出现在南宋时期。词人甄龙友在《贺新郎》中写下:"清江旧事传荆楚。叹人情、千载如新,尚沉菰黍。且尽尊前今日醉,谁肯独醒吊古。泛几盏、菖蒲绿醑。两两龙舟争竞渡,奈珠帘、暮卷西山雨。看未足,怎归去。"龙舟终于走下神坛,词人黄公绍则在《端午竞渡棹歌》中写下:"看龙舟,看龙舟,两堤未斗水悠悠。"端午赛龙舟,跃然纸上。

无论是鸟舟竞渡还是龙舟竞渡，都是端午文化的伟大遗存。明清时期的龙舟竞渡更为盛大。明代杨嗣昌撰《武陵竞渡略》："旧制四月八日，揭篷打船。五月一日，新船下水，五月十日、十五日划船赌赛。十八日，送标讫，便拖船上岸。"明清朝皇帝也喜欢观龙舟赛，据说，明代皇帝在中南海紫光阁观龙舟，清代乾隆、嘉庆皇帝则在圆明园的福海观看竞渡。

随着龙舟开始走向世界，成为中华文化的符号，端午龙舟，便自然而然成为端午竞渡的代名词。

竞技与纪念

楚越之地的端午竞渡，最早源于对于阴阳二气转换争斗的模拟，是一种顺应自然的表现。但到了后来，随着屈原和端午节传说的逐渐丰富，竞渡自然被演绎成为屈原招魂的民俗活动。

在屈原的故乡，今湖北省秭归县，至今流传着人们驾舟前往汨罗江寻找屈原遗体的传说。自屈原五月初五投江，到五月二十五人们接回他的衣冠，落成衣冠冢，前前后后忙碌了整整20天。于是，在今天的秭归，端午节依然要忙够足足20天，从头端阳到末端阳。（在这里，五月五日称为头端阳，五月十五为大端阳，五月二十五为末端阳。）长长的端午节，寄托着三峡秭归人民对屈原长长的思念与深深的崇敬。

在后人的因缘附会中，端午的赛龙舟纪念的不只有屈原，还有曹娥和伍子胥。其实,到底纪念谁并不重要,重要的是,竞渡作为一种民族传统活动,抛开纪念屈原等人的色彩,始终充满了竞技的气氛。

唐朝诗人张建封写过一首《竞渡歌》:

五月五日天晴明,杨花绕江啼晓莺。
使君未出郡斋外,江上早闻齐和声。
使君出时皆有准,马前已被红旗引。
两岸罗衣破晕香,银钗照日如霜刃。
鼓声三下红旗开,两龙跃出浮水来。
棹影斡波飞万剑,鼓声劈浪鸣千雷。
鼓声渐急标将近,两龙望标目如瞬。
坡上人呼霹雳惊,竿头彩挂虹蜺晕。
前船抢水已得标,后船失势空挥桡。
疮眉血首争不定,输岸一朋心似烧。
只将输赢分罚赏,两岸十舟五来往。
须臾戏罢各东西,竞脱文身请书上。
吾今细观竞渡儿,何殊当路权相持。
不思得岸各休去,会到摧车折楫时。

一场声势浩大的端午竞渡,由此拉开。

龙舟竞渡，花样百出

端午竞渡，能参与其中的自然喜不自胜，能拔得头筹更是值得庆祝。对于古代那些吃瓜群众而言，端午追逐一场盛大的龙舟赛，那热乎劲绝对不亚于今天球迷们的狂热。

既然是场竞技比赛，参加的各支队伍都是势在必得的，一些仪式可以走起来了。比如，广东人在放龙舟下水前，就要先祭祀南海神庙中的南海神，之后再安龙头、龙尾。因为龙舟竞技毕竟是水上运动，有一定风险，所以还要置办一对纸公鸡立于龙船上，以护佑船只平安。有的地方的祭祀方式更加"粗暴"一点，于竞渡的河边杀鸡，再滴血于龙头之上，这样的风俗在贵州、四川等地多见。而屈原投江的汨罗，人们要先去屈子祠，将龙头供奉祠中祭拜，再将龙头盖上红布小心安放在龙船上，最后揭去红布，既讨个喜气，又讨得了龙神和屈子的欢心。不管祭祀何方神圣，都是非常庄重严肃的，要点香烛，供以鸡鸭、粽子、时令瓜果等，除了求得船舟顺利，也要祈求农业丰收，驱邪消灾。

正式比赛的前几日，热闹的气氛已经一浪高过一浪。有龙舟队迫不及待地下水操练，就连船上的鼓点声怎么个敲法，以何种节奏进行，都要勤加练习。岸上观众的欢呼叫好此起彼伏。还没到端午，已经是热火朝天的干劲。在过去，龙舟队员都是清一色的男性，又以壮年男性居多。因为古人认为妇女不宜接触龙舟，会不吉利。于是，妇女们挑起了啦啦队的重任。

终于盼来了端午。靓丽的龙船在河边排着队，等着下水，各个龙头上系着红带子，寓意上好的彩头。是日艳阳高照，老老小小竞相出门看龙舟。一定要早早地出门，否则可占不到好位置。同样爱凑热闹的帝王们没有抢座的烦恼，只管准时出席就好了。

《东京梦华录》里说，北宋皇帝于临水殿观金明池龙舟竞渡，其中有长约四十丈的大龙船，供观赏用，还有彩船、乐船、画船、小龙船等等，分工明确，有观赏的，有奏乐的，还有画舫；而竞渡的船早已排放整齐，严阵以待。

在今天的一些地方，除了正式的龙舟竞渡外，依然有观赏性的龙船表演，比如贵州黔东南州的镇远。㵲阳河畔的镇远古城已有2300多年历史，镇远的赛龙舟自明代开始兴起，已有600多年历史。端午清晨的㵲阳河，下了一场雾，灵气逼人。上午九点，雾气渐渐散去，盛装打扮的苗家阿哥阿妹，倾寨出动，往㵲阳河边涌来。随着音乐声奏响，华丽的龙舟钻过祝圣桥的桥洞，向着围观人群而来。领头的是镇远州"知县"，身披大红官服，由文官武官陪同着游兴㵲阳河。紧随其后的小舟上，男人们身着金色或者红色的战衣，船上还站立着几个引吭高歌的苗家妹子，银晃晃的项圈在阳光下泛着耀眼的光彩。一时间，芦笙吹响，笑声荡漾，欢乐的气氛填满了这个小镇。

巡游队伍离开后，便是热闹喧天的龙舟竞渡。一声号令下，还未见战船前来，先是听到震耳欲聋的锣鼓点子。随着鼓点越来越密集，那一艘艘在红旗指挥下奋勇前进的龙舟飞驰而来。

龙头高翘,船桨飞扬,浪花四溅,碧波中掀起高潮,号子声你方压过我方,呐喊助威此起彼伏,大家心朝一个方向,眼盯一个目标,那就是终点的彩竿。

冠亚季军尘埃落定,可是大戏却未落幕。最好耍的戏码终于来了——抢鸭子。这也是镇远龙舟竞渡的传统保留项目。过去,当地的富绅会早早备下足额的鸭子,既为缅怀屈原(一说为纪念当地的英雄故亚),也为犒劳桨手们。比赛结束后,会给这些鸭子灌上足足的雄黄酒,然后扔到水里。酒醉的鸭子就跟煮熟的鸭子差不多,落了水就游不远了,扑腾着翅膀在水里栽几个跟头,桨手们纷纷跳进河中,谁抢到就归谁所有。这样的"抢鸭子"大戏自带喜剧效果,让人忍俊不禁。

在今天,抢鸭子依然是镇远龙舟竞渡的重头戏。丢鸭子的,有河两岸的饭店,也有各家各户凑起来买的,足足有上千只。除了投掷鸭子,还要投掷粽子。只是争抢的人已不再只是桨手,围观的人群中若有熟悉水性的,也大可跳下河去一试,因为当地人说,抢到了端午的鸭子,一年都有好运气!这样的节俗潕阳河年年搞,湖南凤凰的沱江上也抢得热闹。许多游客闻此奇风,特地慕名而来,如今已成为两地著名的端午游乐项目。

蜿蜒的河道,浓浓的端午情。龙舟竞渡,从远古巫术衍生而来,融入祭祀文化的内核,如今已从中国划向世界,将中华传统文化与体育竞技,团结合作的精神完美融合,散发着历久弥新的夺目光彩。

蛇蝎出没，端午日避五毒

每到端午节来临时，各街道、小区总会开展一场灭鼠蛇虫害的活动。无非是往灌木丛中喷洒药物，提醒大家夜晚睡觉关好门窗，注意疏通下水道，保持家中各处卫生等。

农历五月，阳光开始毒辣，时雨繁多。雨水浇灌着被高温炙烤的大地，空气中夹杂着闷热和潮湿，的确是滋生虫害、瘟疫的季节。古人很早就认识到这一点，但科学的防范措施不如现代这样完备，所以对五月心存芥蒂。一个好好的五月就莫名其妙的躺了枪，被冠以"毒月"之名，五月初五的端午更是被视作"虎狼之日"，成为古人眼中的"毒日"。

除了要防瘟疫，人们还要专门躲避五种动物，称之为"五毒"。这五种动物并不是什么猛兽，而是在仲夏日频频出没，大量繁殖，传染疾病，甚至会出口伤人的蛇、蜈蚣（也叫雷公虫）、蝎子、壁虎和蟾蜍。

位于"五毒"之首的当属蛇。立夏一过，蛇便开始频繁出没。特别是雨前、雨后，冷不丁就出现在户外郊野、田间地头，甚至钻入廊下,悄悄溜进屋内。古时候的人若被毒蛇咬伤可没有抗蛇毒血清来救命,所以人们对此非常惶恐,"一朝被蛇咬,十年怕井绳"就是鲜明的写照。不过,古人自有古人的"土办法",他们发现蛇最怕雄黄气味,于是便有了端午饮雄黄酒之俗。

蛇还分有毒无毒,但五毒之一的蝎子却是各个皆有毒的。在中国文化语境中,蝎子往往代表着阴险、狠毒,十分危险。《本草纲目·虫部》里说道:"蜂、虿垂芒,其毒在尾。"意思是,蝎这类毒虫尾部带有毒刺,古称"虿芒"。可见,毒蛇、蝎皆有剧毒,稍不注意便可致命,故后有"蛇蝎心肠"之比拟。《西游记》中就有蝎子精。

至于蜈蚣,也是一种有毒腺的、掠食性的陆生节肢动物。但它的毒性并没有毒蛇、蝎子那么可怕。之所以入选"五毒",或与其"比毒蛇还毒"的民间传说有关。晋代葛洪编著的一部道教典籍《抱朴子》记载:蜈蚣见蛇,"能以气禁之,蛇即死矣"。蛇靠近了蜈蚣,闻到蜈蚣的气味,便死了。所以在过去,很多南方人捉来蜈蚣捕杀蛇,大概是取"以毒攻毒"之效吧。

壁虎不是虎,却令古代妇人望而却步。这大概是因为西汉淮南王刘安的《淮南万毕术》中的一句:"守宫途齐,妇人无子"之说。古时,壁虎又称"守宫",意思是,用守宫涂抹肚脐,便可致妇女不孕。在"不孝有三,无后为大"的中国古代,轻轻松松就能将女性置于万劫不复之地的壁虎是不是足够狠毒了?

最后还有一毒——蟾蜍。在中国民间传统中,蟾蜍本是吉

五毒

祥物,为何也成了"五毒"呢?还是跟淮南王刘安有关。他在《淮南子》中写道:"蟾诸,月中虾蟆,食月"。意思是说,蟾蜍不是什么好东西,它把月亮吞了(实则是月食)!因为科学认知水平有限,蟾蜍也莫名其妙地入选了"五毒"。但在后世的研究中发现,蟾蜍确有毒性,其毒隐藏在耳后腺,可分泌毒性分泌物,用以制作中药"蟾酥"。

一到端午时节,小孩子便会唱起一首民谣:"端午节,天气热,五毒醒,不安宁。"既然五月这么"毒",人们便想出了不少"避五毒"的招数,这也是端午节的本意和初衷。

比如,在屋中贴五毒图。五毒图就是在红纸画上五种毒虫,再画上五根针,刺于毒虫之上,意为毒虫已死,不可为害。也有画五毒符贴于门上的。再比如，大人们在衣服上绣上"五毒"，缝制"五毒衣"给小孩子穿，甚至佩戴香囊、五彩线也跟避五毒有关。这些习俗都是意在提醒人们要注意防病防害，也是一种辟邪以求心安的朴素意识。

除此之外，也有一些具有现实意义也切实有效的方法：比如，往香囊里塞上雄黄、艾草，确有驱虫防身之功效；饮雄黄酒、撒雄黄粉，的确可令蛇虫绕道而行；在这一日上山采药，用药草煎水洗浴，可去邪气、防病……

可见，中国古人的防疫意识一早就形成了。在端午这样一个祛毒禳灾的日子里，人们用各种仪式塑造了一个"全民防疫日"，甚至整个农历五月也成为防疫月。时至今日，虽然"避五毒"的说法已经渐行渐远，但我们仍然要在这一天沐浴净身，泡药草浴，洒扫庭除……这是祖先留给我们的祛病防疫观念，如今更是增添了祝福纳吉的审美意趣，令古老的习俗熠熠生辉。

端午遍地是药

"碧艾香蒲处处忙。谁家儿共女，庆端阳。"（舒頔《小重山·端午》）端午还有一项重要的活动就是上山采草药。因为据说，端午的草药药性最好，用来泡水洗澡，冬天不长疮，夏天不生痱子，也不招蚊子咬。

2000多年前撰写的《夏小正》一书中就已经有明确记载："此日蓄药，以蠲除毒气。"就是说，端午日天气暑热，毒瘴最为猖獗，需要采集草药，驱散"毒气"。南宋人陈元靓编撰的关于南宋之前岁时节日资料的《岁时广记》在卷二十二"采杂药"中援引《荆楚岁时记》佚文："五月五日，竞采杂药，可治百病。"

端午日午时阳气最盛，所以草药的药性也达到顶峰。俗话说："端午遍地是药"，"端午节前都是草，到了端午便成药"就是这个意思。

采药要采什么？最受欢迎的当属艾草和菖蒲。艾草通身墨绿，附着细细的白绒毛。小溪边、山坡上大片大片的，幽香扑鼻。采回的整棵艾草要挂在大门上，辟邪招百福。而一些零散的菖

蒲和艾草叶会被用来熬煮汤水，或者缝制成香包。

当然，采药也不光是采艾草和菖蒲，各地也有各地的特色。广东潮州地区一进入夏天便又湿又闷，这里的人最是离不开一碗凉茶，用他们的话说，叫"讨凉"。制作凉茶的药草，除了艾草、菖蒲外，还有夏枯草、菊花、桑叶、薄荷、竹叶等。每逢端午，潮州人便要相邀采药，熬煮凉茶，剩下的草药还要晾干，可供整年泡茶饮用。来到潮州，一定要喝一碗凉茶，这碗茶里甜中泛着微苦，瞬间浇灭夏日的暑气，解暑又下火，就像老北京的酸梅汤、四川人的冰粉，叫人爱不释手。

随着城市化进程的加快，城市居民端午采药已经不那么方便，但人们对端午草药却有非常强烈的执念。于是，城郊的村民们开发了一项"代采"工作。每逢端午节，他们会背着一筐一筐的草药进城，年年供不应求。

端午采药也不光是汉族人的游戏，我国很多少数民族也沿袭此俗。

广西壮乡的村寨有"端午药市"，端午赶药市也是当地的一项重要传统习俗。人们认为，去药市逛一逛，闻一闻，得到端午草药的熏陶，便可吸收百药之灵气，百病不生。居住在贵州、湖南等地的侗族妇女要在端午的前一日上山采药。回家后，也要用草药熬汤洗浴。待沐浴净身后，才能开始包粽子。四川凉山地区的彝族百姓也有端午采药的习俗。

四季轮回，草木知情，端午采药，既是一次人与草木的殷切交流，也是人对自然的深情叩问。人们行走在高山深谷间，背篓里承载的不仅是大自然的丰厚馈赠，更是中华文明生生不息的人文底气。

"毒物"蟾蜍

端午万物皆药。除了草药外，一些"毒物"也被视为药材，不知是否取"以毒攻毒"之意。比如，端午节的蟾蜍。因此，古代端午的采药习俗中，还应该添上隆重的一笔：捕捉蟾蜍。

最早记录这项习俗的恐要算在西汉淮南王刘安头上。相传，由刘安主持撰写的《淮南子》一书中记载："鼓造辟兵，寿尽五月之望。""鼓造"就是蟾蜍；"辟兵"是说防辟兵灾战乱；"寿尽五月之望"，也就是说蟾蜍最多活不过五月十五。虽然只有短短十来个字，信息量却很大。首先，蟾蜍可以辟兵祸。在战乱不断的古代，人们为求一夕安宁，捕捉蟾蜍，权当护身之用。其次，捕捉的日子并不在五月初五端午节，而是在五月之望，也就是五月十五。蟾蜍为何能辟兵，时至今日，已无从知晓缘由。但捕捉蟾蜍的日子却逐渐移到了五月初五的端午日，而捉它就是为了做药。

汉代的张衡很早就在天文学著作《灵宪》中描述了蟾蜍的不凡："羿请不死药于西王母，嫦娥窃之以奔月……嫦娥遂托身于月,是为蟾蜍。"后羿向西王母求了长生不死之药,却被妻子嫦娥偷吃。嫦娥飞往月宫栖身,变为一只蟾蜍。直到今天,小孩子们的睡前故事里还有这则古老传说:月宫里住着一位美女嫦娥,养了一只玉兔。那里还有一棵月桂树,树下有一只万年蟾蜍精。

一旦和不死灵丹挂上钩,身价便会陡增。晋代葛洪《抱朴子内篇》就说了,不死灵药有五种,称之为"五芝",其中的"肉芝"就是传说中的"万岁蟾蜍"头上的角。据说,如果有人找到了"万岁蟾蜍",一定要在五月初五的中午将其风干制药,百日后用它的脚对着地上一划,就是一条大河。蟾蜍不仅能凭一己之力抵御千军万马,如果敌人放箭,还能反弹回去,神乎所以!大概这就是《淮南子》中说到的蟾蜍辟兵吧。

至于蟾蜍的药性,成书于汉代的现存最早的中药学著作《神农本草经》中就已经有关于蟾蜍的性味、归经和主治功效方面的介绍,从它身上提炼而出的蟾酥和蝉衣更是紧缺药材。至此,一身是宝的蟾蜍再也藏不住了!人们纷纷于端午日卷起裤腿,在小河、池塘边的杂草丛中,乱石群里去寻觅蟾蜍的踪迹。捉到蟾蜍带回家,一部分用以制作中药蟾酥,一部分祛除毒腺后烹煮给小孩子吃,据说可以起到清热解毒的功效,使小孩子不生毒疮,其实和用艾草等泡水沐浴求取的是一个功效。

后魏的《齐民要术》中就有关于五月捉蟾蜍的记载,其用途也是制药。到了明代,刘侗、于奕正同撰的历史地理著作《帝京景物略》一书中说:"五日,南太医院官,旗物鼓吹,赴南海子捉虾蟆,取蟾酥也。"也就是说,捕捉蟾蜍的游戏不仅流行于民间,还传到了宫里。南太医院的太医们还仪式感十足地去到南海子(位于皇城之南,与紫禁城北面的后海、什刹海相对而定名。明永乐年间,修筑土墙,开四门,为皇家行猎用)捉蟾蜍。到了清代,这样的风俗依然找得到历史记录,《吴越风土录》记载:"端午日,药市收癞蛤蟆,刺取其沫,谓之蟾酥。为修合丹丸之用,率以万计"。可以说,自汉代起,五月的蟾蜍便成了奇货,难怪癞蛤蟆也要躲端午。不过,端午日的蟾蜍真的不好捉,都说万物有灵,怕是这生命力极强的小小灵物,早就洞穿了人

仿汉砖刻嫦娥奔月

类的那点小心思,早早地藏起来了吧!

而今天,蟾蜍已经是公认的捕食害虫的能手,更是国家认定的"有重要生态、科学、社会价值的陆生野生动物"。大面积的捕杀蟾蜍不仅会严重破坏生态平衡,也会触犯法律。

幸好蟾蜍机灵,懂得在端午"明哲保身",否则,这延续几千年的追捕行动,岂不是要让它们绝迹了?

捉蟾蜍

神奇的浴兰汤

端午的日头不可小觑，踩着清晨的露水出门采药、买草药，不到午时已是一身汗。回到家中放下背篼，将这些草药理成一小捆一小捆的，挑一把最长最好的艾草挂于门楣，其他的便可用来熬水。

到了端午节，每户人家的灶台都会溢出浓郁的药香。艾草、菖蒲、金银花等，都是清凉祛风祛毒的好东西。凉水烧滚，待到药香味渐浓时，再倒入洗浴的大盆中，如此反复添水熬煮，直到大盆水满。

小孩子坐进盆里，就着热气熏蒸，足足泡够半个小时，直到药性渗透进每一个毛孔，方才心满意足。母亲在一旁时不时往盆里加水，每添一回，就要念叨："洗了端午水，不长痱子不生疮。"药汤洗去旧尘，留下一室余香。

剩下的还没熬煮的药草更是宝贝，找一个荫蔽的柜子储存起来，每每受了寒气、着了凉，取出一小捆熬成汤药服下，待发出一身汗后，再捂上被子好好睡一觉，便无大碍了。

这样的仪式便是延续了几千年的端午浴兰汤。只是,从最初的浴兰去污,演变为煎艾草、菖蒲等药草水洗澡。

兰,中国人心中的君子之花,有"香祖"之美誉。先秦已有兰之名,只是彼时的兰是生长在温润之地的佩兰,一种名贵的香草。在唐代之前,兰一直是一种高贵香料。从屈原以香兰自比高尚情操始,中国人就没有停止过对兰的追捧。兰渐渐融入人们的日常生活中,成为端午时节中国古人最看重的美好物什,更有着最珍视的吉祥寓意。到了宋代,端午浴兰汤发展到极致。

钟情端午节的宋代文人不少,苏东坡算一个。苏东坡有一首《浣溪沙·端午》格外香艳,字里行间流露出妇人端午浴兰汤的曼妙。这位妇人不是旁人,正是他的侍妾王朝云。

宋哲宗绍圣二年(1096年),苏东坡被流放至惠州,陪伴他的只有侍妾王朝云和两个小儿子。被放逐的日子,朝云的陪伴不仅是无微不至的照顾,更有精神上的支持和共鸣。

> 轻汗微微透碧纨,明朝端午浴芳兰。流香涨腻满晴川。
> 彩线轻缠红玉臂,小符斜挂绿云鬟。佳人相见一千年。

这首词,是苏东坡送给王朝云的,也是一首记录端午节令的民俗词。

这首词的上阕,描绘了端午时节暑热渐起,朝云着一袭轻薄绿细绢,半透着柔美娴静的肤体,香汗微发。第二日端午,用兰草汤好好沐浴一番,不仅能净身,更能求得心静。当时的惠州人家都会如朝云一般来一场浴兰汤,满城裹挟着脂粉味的洗澡水倾倒进家门口的河流,自是一派"晴川流香"的画面。

因为兰草珍贵不易得,所以后世便有了采药草熬汤泡浴之俗。明代的一部著名的随笔札记《五杂俎》就记载明人:"兰汤不可得,则以午时取五色草拂而浴之。"同样具有药香味的菖蒲、艾草本来就是端午"宠儿",既可挂在门上辟邪,又可用来熬汤水沐浴,还能作清凉解暑饮料,可谓一物多用。时至今日,野生的兰草已难寻其迹。但古人端午浴兰汤的习俗却经过代代改良后保存下来。今天的四川一带依然有端午熬艾草水泡澡之俗,广东人除了熬煮艾草、菖蒲,还青睐凤仙、白玉兰等花草,广西等地还要添加柏叶、大风根、桃叶的……

浓荫匝地端午日,艾草菖蒲水已熬好,把自己扔进浴缸里,草药香气漫过,任细密的汗珠浸满额头,那久违的放松感从头到脚,酥进骨头。

艾草菖蒲挂门上

端午的清晨,挂一束艾草于门上,再配一个艾草香囊,药香氤氲萦绕,和着那端阳的粽香,沁人心脾。似乎刚吃过清明用艾草嫩叶制作的青团,转眼长枝的艾草就挂上了门楣,和菖蒲一起,图的是个辟邪防疫。

古谚有云:"清明插柳,端午插艾",这样的习俗早在先秦时期就已经形成了。南北朝梁宗懔《荆楚岁时记》记有:"五月五日,四民并踏百草,又有斗百草之戏,采艾以为人,悬门户上,以禳毒气。"

据中医药典载:艾草,温经止血,散寒止痛,外用祛湿止痒;菖蒲,全株芳香,可作香料或驱蚊虫,茎、叶可入药。中草药入医,毕竟慎之又慎,但这两味神草悬挂于门楣之上,散发着独特的药香,的确有驱蚊虫、净化空气的妙处,且完全无须担忧有何毒副作用。古人还有言:"手执艾旗招百福,门悬蒲剑斩千邪。"在古人看来,艾草能招来百福,给一个家带来福气,庇佑家人安泰康健;而菖蒲形状似剑,故有"蒲剑"之称,百姓

挂艾叶

认为将其悬挂门楣,定能斩妖除魔,辟邪禳灾。一株小小的艾草、菖蒲,寄托着中国人对生活的美好祝愿。

据说,端午节挂艾草、菖蒲的习俗和唐代农民起义领袖黄巢有关。

唐朝黄巢起义,百姓纷纷出城逃难。有一年五月,黄巢军队攻进河南,兵临邓州城下,黄巢亲自到城外勘察地形。他见到许多许多的妇孺着急地出城,便拦下一位怀抱年纪稍大男孩、手牵年纪稍小男孩的妇女,问她是要到哪儿去。

妇人说:"黄巢就要攻进邓州城了,听说他是个杀人不眨眼的大坏蛋,家里的男丁都被抓去守城了,我们老老小小,可要抓紧去逃命。"

黄巢更是好奇了:"那你为何要抱着大的,牵着小的呢?"

妇人回答:"怀里这个是大伯家唯一的活口了,而牵着的是我的儿子,如果情况紧急,只能舍弃我的儿子,保住大伯家的独苗。"

黄巢听后深受感动,叫那妇人赶紧回家,用菖蒲、艾草插于门上,如此黄巢军队就不会上门了。妇人半信半疑地回到家,又把这个消息告诉了邻居,大家纷纷效仿。

第二天正值端午,黄巢的军队攻下城门,进城后见家家户户门楣上皆悬挂菖蒲、艾草。为了信守承诺,黄巢领兵退去,全城留守百姓幸免于难。此后每年端午,大家都沿袭此俗,以求门户安宁。

清代,百姓不仅悬挂菖蒲、艾叶,还要悬挂桃梗和蒜头。《清嘉录》卷五记载:"戴蒲为剑,割蓬作鞭,副以桃梗蒜头,悬于床户,皆以却鬼。"在他们看来,桃梗是辟邪吉物,蒜头被认为是象征武器铜锤,与蒲剑、蓬鞭相配,可以驱逐恶鬼。

时至今日,人们已经不再在端午说起黄巢的故事,但悬菖蒲艾叶之俗却一直延续至今。悬挂菖蒲和艾叶,更成了当下最时新的家居装饰。即使不悬挂菖蒲,夏日养一盆置于室内,也能于挑灯夜读时闻之时有时无的清香，那一抹低调的绿更能拂去心底的尘埃，诗意盎然。而那一捆艾叶和菖蒲，在门楣上待上几日后被取下，又可用来燃烧驱虫，效果竟也不亚于驱蚊液。

书桌养菖蒲

写符念咒画钟馗

端午遍地都是药,百药之中,菖蒲、艾草又凭借一身本领畅销几千年,成为当之无愧的爆款。它们的用途颇为广泛,若悬挂于门楣,则有辟邪之功能,还因此得了一个新名字:"艾旗""蒲剑"。

端午所要辟的邪气主要还是瘟疫之气。这还是因为仲夏时节百毒泛滥、蚊虫肆虐、细菌繁殖。在长期的生活实践中,古人总结出五月容易暴发疾病,所以才要在五月初五这个日子用一些方法来驱邪避毒,护佑平安。

从端午节的发展历程来看,避疫消灾本就是最原始的核心意义,时至今日,经过几千年的演变,避疫这一主题仍然有其积极的意义和影响。因此,一些传统的手段和方法便得以世代流传,直到今天,仍然有着鲜活的生命力。心理慰藉也好,求个心安也罢,人们通过这些方法期盼护佑平安康健的心情是恒久不变的。这其中,就包括写符念咒、画钟馗、跳钟馗等。

在古人看来,但凡瘟疫、疾病总跟"鬼神"脱不了瓜葛。

一种无形的力量总会在特定时日出来作祟，带给人类灾难。人们把这些归咎于"鬼神"之说亦无可厚非。于是，我们岁末年初要写桃符，逢太岁星君之年要画太岁符，甚至平日里，有个头疼脑热也写一道符纸，据说如此便可令百鬼不得近身，百病快快消退。

被视为"毒月毒日"的端午，怎么会没有符纸的加持护佑呢？除了艾草、菖蒲这对"端午辟邪好搭档"外，我们还要搬出符咒这道法门。端午的符咒上写什么？根据历史经验，多半是"五月五日天中节，赤口白舌尽消灭"一类的。"赤口白舌"，指的是古代迷信主口舌争诉的恶神。

宋周密《武林旧事·端午》中载："又以青罗作'赤口白舌'帖子，与艾人并悬门楣，以为禳檜。"意思是，于青色丝织物上写"赤口白舌"，与艾人（用艾蒿扎草人悬门上，以除邪气）一起挂于门楣之上，这是为消灾除病而进行的一种祭祀。

为了驱逐五毒，民间还要以红纸画五种毒物，并画五根针刺于五毒之上，人们将这种五毒符贴于屋内或者门窗之上，也是一种辟邪符纸。写符咒的人，有时候嘴里还念念有词，或者在嘴里含上硝石，书写的时间也有讲究，一般在端午日出时分或者正午时分。

和春节前人们题写桃符一样，在端午符纸开始流行之前，人们也以桃刻印，并将这种驱邪的桃印作为门饰。西晋司马彪的《续汉书·礼仪志》记载："朱索、五色桃印为门户饰，以止恶气。"后来有了纸张，符纸渐渐替代了桃符的功能。到了清代，甚至还出现了用剪纸葫芦以求祥瑞。

《燕京岁时记》是一部记叙清代北京岁时风俗的杂记。在这本书里记载："端阳日用彩纸剪成各样葫芦，倒粘于门阑上，以泄毒气。"端午的葫芦不仅辟邪，更是好看。人们在这些纸葫芦上做上垂丝穗、飘带，在辟邪的同时，更有了装饰的效果。

葫芦，寓意福禄，本就是中国人很看重的赐福镇宅吉物。葫芦好画，也好剪。但端午节还有一道难度系数更高的绘画作业——画钟馗。

钟馗，传说为唐初终南山人士。长得真是不好看，豹头环眼、铁面虬髯，乍一看怕是会吓哭几个小孩子。但这个人却很有才华，满腹经纶，而且正气浩然，不惧邪祟，最重要的是有一身驱鬼逐妖的本事。因为这个本事，钟馗被奉为道教神仙，成为"赐福镇宅圣君"。钟馗捉鬼的神奇故事可谓家喻户晓。

这样一位大人物便顺理成章地成为中国人的保护神。春节的时候，人们要在大门上贴他的画像；到了端午节，他又化身为斩五毒的天师站在大门上。总之，人们希望请他来护佑家宅平安。有了钟馗站岗

写符咒

的端午节，顿觉安全感爆棚。

最初想到这一招的是唐玄宗李隆基，而最早的钟馗画，据说为画圣吴道子所画。

据北宋沈括《梦溪补笔谈》中的记载，唐玄宗身染疾病近一月，忽梦二鬼。小鬼窃得皇上玉笛及杨贵妃之紫香囊奔逃，大鬼捉小鬼，剜其目，然后擘而啖之。大鬼道："臣为钟馗，即武举不捷之士也，誓与陛下除天下之妖孽。"唐玄宗于梦中惊醒后，旋即病愈，召见吴道子将梦中之境告之。吴道子大笔一挥，画出的钟馗捉鬼图竟与玄宗所梦不差一二。此后，钟馗像便在民间走红。人们纷纷在端午节期间绘制钟馗图，以求平安。《北平风俗类征》记载："五月初一至初五为端阳节，午时以朱墨画钟馗像，用鸡血点眼，俗称'朱砂判'者悬屋中，谓能驱邪。"直到上世纪初，钟馗图依然盛行。中国近代杰出画家李可染、齐白石、吴昌硕、张大千、徐悲鸿等皆有关于钟馗的作品。

时至今日，城里已经少有人悬挂钟馗像了，但在农村还有此等风俗。相传自唐代开始流行的端午钟馗舞，更是依然流行于安徽黄山歙县。钟馗舞分为"跳钟馗"和"嬉钟馗"。"嬉钟馗"是以木偶架在肩上嬉耍，后来发展为由人扮演钟馗，在村中巡游嬉戏。"跳钟馗"一舞中，五人扮演五鬼，一人扮演钟馗。钟馗斩五鬼便是这场大戏的重头戏。

不过，随着时代演变，现在歙县的端午钟馗舞，有的已经没有斩五鬼的环节，而变为驱五毒。端午跳钟馗，从五月初一

089 端午

吴道子画钟馗

跳到初五,除此之外,春节也要跳,夏收秋收前后也要跳,成为人们祈求四季安康、国泰民安的重要习俗。

在今天的山西等地,依然有端午贴五毒符的习俗。除了"五毒"之外,有时候还有一只威猛的大老虎。因为在中国人的观念里,虎是瑞兽,可以镇宅、辟邪。有虎在,"五毒"自然不敢来。贴这种五毒符一般在端午的正午,太阳最是毒辣的时候,取其意"家家贴老虎,祛病又祈福"。

端午雨下,回娘家

> 黄梅时节家家雨,青草池塘处处蛙。
> 有约不来过夜半,闲敲棋子落灯花。

800多年前的一个仲夏夜,宋朝诗人赵师秀独坐窗前,外面疏雨缠绵,蛙声从远处的池塘传到窗檐下。已是深夜,诗人被客人爽约,竟也一点不烦闷。一个人在窗下敲着棋子,听这场长长绵柔的江南雨,闲情自在,好不快活。

江南的黄梅雨天,正是在农历五月款款而来。细碎绵柔,连绵不绝,接连数日,空气中卷裹着满满的潮气。青梅煮酒的薄醉,更添得粽叶的清香,叫人沉迷。

江南的文人大概都是倾心于这场黄梅雨的吧!身处江西的宋代词人、书画家杨无咎更是在《齐天乐·端午》向端午雨表白:"疏疏数点黄梅雨。殊方又逢重五角黍包金,菖蒲泛玉,风物依然荆楚。衫裁艾虎。更钗凫朱符,臂缠红缕。扑粉香绵,唤风绫扇小窗午。"

端午来了，雨就来了。雾绕群山、满眼青翠、草色葱茏、雨帘轻挂，大自然只要一出手就是大手笔。既有人陶醉，也有人伤感。宋赵蕃的《端午三首》就有"年年端午风兼雨，似为屈原陈昔冤"的句子。端午，是屈原投江的日子。在诗人看来，这场雨似是带着天意而来，要为屈原哭一哭。

田间地头的百姓就很现实了。早在宋代，端午雨已是民间岁时占验的习俗。在大多数百姓的眼中，端午的雨不吉利，反倒是晴日烫背才叫好。宋陈元靓《岁时广记》引《提要录》记载："五月五日哨，人曝药，岁五灾。雨则鬼曝药，人多病。此闽中谚语。"端阳无雨才是丰年，端午日雨则多病多灾。宋人许月卿在《次韵蜀人李施州芾端午》自注云："临川人谓端午日雨，鬼旺人灾。"到了清代，这样的说法依然存在，清赵怀玉诗自注亦引有"端阳无雨是丰年"的谚语。不过，也有人认为，持有这样说法的多是北方人，而南方人则认为端午雨是谓龙舟人，能带来吉祥。不过也有例外，地道南方人范成大就说了："休雨，休雨，明日榴花端午。"看来，大家还是倾向于端午停雨的。

端午的雨多情自是多情，但麻烦也真的麻烦。雨水不绝，就会带来极高的湿度，细菌更容易滋生，病菌繁殖也更快。雨水带来水涝则更容易造成瘟疫的流行。即便在今天，连日的黄梅雨也会让人忍不住抱怨：衣服潮潮的总是干不了，一身闷热呼吸都困难，木地板、墙壁也潮乎乎的，仿佛要挂上水滴……

所以，在江南的民间一直流传着一句话："五月五，涨大水，

端午

回娘家

癞蛤蟆，躲端午。"你看，连癞蛤蟆都害怕端午下雨涨水无处安身，要四处躲避，何况人呢？

端午天，孩子脸，天色说变就变。趁着午后的雨还没来，女儿们赶紧躲回娘家去吧！这是端午的又一项古老习俗——"躲端午"，也叫"躲午"。意思是，五月五日"恶月恶日"，诸事皆应避忌，在这一天，娘家人要接已嫁的女儿回家过节。

这项习俗至少从唐代开始就已经盛行，宋朝爱国诗人陆游在《丰岁》中写道："羊腔酒担争迎妇，遣鼓龙船共赛神"。到了明代，一本《嘉靖隆庆志》记云："已嫁之女召还过节。"明沈榜在《宛署杂记》记述："五月女儿节，系端午索，戴艾叶，五毒灵符。宛俗自五月初一至初五日，饰小闺女，尽态极妍。出嫁女亦各归宁。因呼为女儿节。"可见明代的端午，归宁之俗盛行，甚至有了"女儿节"之称。清光绪年间的《滦州志》说："女之新嫁者，于是月俱迎以归，谓之'躲端午'"。

既然是要回娘家，路途遥远，出阁回门，少不得带些礼物回家给父母，如果还有年幼的孩子，是一并要带回娘家过节的。所以，女婿陪同回娘家也是常事。娘家亲戚多，礼物少了自然拿不出手，又适逢节日，所以，粽子一定要多准备一些。有的地方，新媳妇在新婚头一年回娘家，甚至会挑上一担粽子回门。丈母娘会把这些粽子分送给亲戚朋友，而三姑六婆、左邻右舍也少不得回赠一只粽子、一个鸡蛋、一把夏扇等。即便丈夫不跟着回娘家，也要在五月初六日去接媳妇回家。接媳妇难免要和娘家人打照面,所以礼物也是少不了的。一来二去,你来我往,端午节也便成为自春节后最重要的姻亲交往节日。

时至今日,在湖北秭归依然流传着"端午比年大,姑娘回娘家"的说法。在这一天,出嫁的姑娘们要给自己的孩子戴上艾草编织的草环,丈夫带上厚重的礼物,或坐车,或坐船,或步行回娘家,与娘家人同享天伦。

好酒好菜端上桌,一场端午雨也应时而到,一杯雄黄酒,一口粽子香,端午的情谊如那绵绵的时雨,源远流长。

斗草，可文可武

南方的车前草非常多见且韧性十足，在马路边、田野间，车轮碾过，大脚踩过，始终荣枯自守。每年到了端午前后，车前草还会开出淡淡的白色小花，漫山遍野都是，叫人心生许多欢喜。这是百草丰茂的时节，绿荫满天，绿色已经浓到化不开来。还不至于太热，可以跑去山坡上、河谷间玩耍，大人们忙着采些艾草、菖蒲、夏枯草回家熬水，孩子们则和车前草玩了起来。

玩法很简单：一人扯一根车前草相互交叉，两手握在草的两端，双方同时用力拉，谁先拉断对方的草，谁就获胜。如果你没有见过车前草，可能会问：一根草经得住这么拉扯吗？要不怎么说车前草韧劲十足呢！这株草真的是一点也不脆弱，甚至需要颇费一番气力才能扯断，当真是"车到跟前"也不怕！

这种游戏有着几千年历史，而且还有一个好听的名字："斗草"。

斗草起源于何种机缘，已经无法考证。

"采采芣苢，薄言采之。采采芣苢，薄言有之。采采芣苢，薄言掇之。采采芣苢，薄言捋之。采采芣苢，薄言袺之。采采芣苢，薄言襭之。"（《诗经·国风·周南·芣苢》）这是周代人们采集芣苢时所唱的歌谣。"芣苢"，据说就是车前草（另一说是薏仁）。两千多年前，斗草并不是儿童专属，还可以用来博美人一笑。后世诗人刘禹锡就作诗言："若共吴王斗百草，不如应时迁西施。"吴王夫差陪西施玩的游戏，就是斗草。

至于端午斗草之俗的记载，汉代之前并无资料可查询，南北朝梁人宗懔在《荆楚岁时记》有记云："五月五日，四民并踏百草，又有斗草之戏。"唐代韦绚创作的笔记小说集《刘宾客嘉话》云："唐中宗朝，安乐公主五日斗百草。"到了宋代，斗草几乎随时可进行，不少宋代词人对此也有记录和描述。比如，田园诗人范成大就写道："青枝满地花狼藉，知是儿孙斗草来。"而且宋代的斗草也不单单是在端午了，清明也有此俗。晏殊词中有句："燕子来时新社，梨花落后清明……元是今朝斗草赢，笑从双脸生。"好一幅春光明媚斗草图。

只是，唐宋时期的斗草已经不只是互相拉扯的"武斗"。风流倜傥的文人墨客想出了更多符合他们审美意趣的斗草玩法，后世称之为"文斗"。

既然是"文斗"，肯定是风雅的。比如，外出郊游的时候，可以比试比试谁认识的植物更多。见多识广的人简直比今天扫图辨植物的软件还要厉害，当然能获得比赛的胜利。后来，游戏规则进一步升级，不仅要求报出名字来，还要讲出它的历史

斗草

掌故和由来。这个还不算最难的。再后来,还要以植物命题,吟诗作对,俨然成了一场诗文盛会,由斗草转变为斗诗文了。这样的比赛,只会读书的"书呆子"是赢不下来的,植物常识和文学修养,缺哪一样都是不行的。

有人说,斗草只是儿童和妇女钟情的游戏,这大概是一个误会。李商隐就曾笑自己:"昨夜双沟败,今朝百草输。"李白也在《清平乐·禁庭春昼》写道："禁庭春昼,莺羽披新绣,百草巧求花下斗,只赌珠玑满斗。"你看看,男子不仅要斗草,还要以金银珠宝作赌注。就连大观园里的哥儿姐儿几个也要斗个草来打发时间。《红楼梦》第六十二回中就说:"宝玉生日那天,众姐妹们忙忙碌碌安席饮酒作诗……这个说,我有观音柳;那个说我有罗汉松。突然豆官说,我有姐妹花,这下把大家难住了,香菱说,我有夫妻穗。"后来,宝玉也采了些花草来凑趣。

　　作为一种常见的中草药,车前草在端午节采摘,更有一种祈福求福、消灾祛病的意味在里面。

赠把小扇藏美意

清凉世界,握在手中。无论是"轻罗小扇扑流萤"的活泼,还是"美人并来遮面"的娇羞,扇子于古人而言,不仅是引风纳凉的工具,更是最文艺的器物。我们常说"以物道喜",扇子自古就是用来表情达意的馈赠佳品。

端午和扇子有很长很深的渊源。端午适逢仲夏,正是暑气开始上头的时日,需要一把小扇来驱赶烦热,为我们带来清凉的微风。如果仅仅是这样,赠扇便不足以打动情肠。

扇子轻摇夏风至,在今天的影视作品中,每当日头高斜,蝉鸣声声,树影婆娑,总有手执团扇,笑眼温柔的女子迈着轻盈的步伐,于庭院树荫下摇扇解闷……这半遮素面的含蓄之美,被东方女性演绎了几千年。轻薄团扇与美人最相宜,但带火赠扇这一古老传统的却是一位硬汉——唐太宗李世民。

唐贞观十八年(644年)的端午,唐太宗一时兴起,赠送给长孙无忌和杨师道各自一把御笔亲题的"飞白扇",并说:"五日旧俗,必用服玩相贺,朕今各赐飞白扇二枚,庶动清风,以增美德。"

太宗说赠送为"五日旧俗",那么,此俗究竟从何而来呢?据说源自南朝宋明帝刘彧的皇后王贞风。刘宋元徽五年(477年)端午节,已经是太后的王贞风赐给年仅15岁的小皇帝刘昱一把玉柄毛扇。皇太后赠扇并非心血来潮,而是期望刘昱能够知进退,做君子。可这位皇帝年纪虽不大,脾性却很暴躁。他认为扇子柄不够华美,就让太医煮毒药欲害死太后王贞风,幸未得逞。

唐太宗赠送的扇子里也藏着很深的心机。首先,他给近臣秀了一把自己造诣颇高的"飞白书"。相传,汉代文学家蔡邕,从工匠用扫把蘸取石灰刷墙中得到启发,独创了黑中隐白的飞白书。飞白书的横竖笔画丝丝露白,飞笔断白,燥润相宜,像缺少墨水的枯笔写成的模样,别有一番风韵,得到上至帝王,下至百姓的追捧。

飞白书至唐,已远去三四百年。唐太宗善飞白,笔力遒劲,为当时一绝。《书史会要》中就曾记载,唐贞观十八年的一天,唐太宗于宣武门宴请三品以上官员,并作飞白书,引得群臣争相抢夺。同年的端午,唐太宗又做飞白扇赠予长孙无忌和杨师道,"庶动

飞白扇

清风,以增美德",其意不只是扇面轻摇之时的清风凉意,还有"清秀慧美的风化"之深意,于此,才能"增美德"。礼轻情意重,一把小扇传递了太宗清明吏治的愿望。

"太宗赠扇"一时传为美谈。所以此后,端午赠扇成为民间习俗流传开来,有钱人家效仿太宗,亲题几把扇子赠予友人,普通人家也以赠送蒲扇来意思意思。唐代李淖在《秦中岁时记》中描述到:"端什前两日,东市谓之扇市,车马特盛。"可见太宗的带货能力有多强。

冯贽的《云仙杂记》卷一引《金门岁节记》也说:"洛阳人家……端午以花丝楼阁插鬓,赠遗避瘟扇。"平民百姓以蒲葵制扇,物美价廉。古人在熬煮汤药时,也往往用蒲扇煽火,而蒲葵还有败毒消淤之功效,所以被视作祛瘟辟疫的良物。端午日盛,一时间,"洛阳扇贵"也不足为奇。

随着端午赠扇的习俗从皇宫走向民间,赠扇在"增美德""送仁义"的基础之上,又增加了"辟邪纳祥"的通俗含义。到了宋代,赠扇习俗进一步发扬光大,北宋诗人张商英《端午献扇》:"纨扇新成献乃翁,草堂虚寂起清风。欲知妙用真无有,不离而今掌握中。"好扇送老者,端午有妙用。

自宋代中期以后,折扇自朝鲜、日本传入中国,文人墨客和书画家也开始在折扇上作画。明清时期的折扇画是中国绘画史上的一个高峰,特别是以董其昌、文徵明、沈周、唐寅为代表的"吴门四家",他们以山水寄情、花鸟娱心、诗文咏志,在一方小小的扇面上书写出文人的性情和世界,一直影响至今。

又到浓情端午时,今天的文艺青年们也效仿古风,用亲手制作的一把扇子赠送亲朋。这样的扇子可能是自己手绘的,更有用时令花草为原材料制作的花草纸团扇,颇具新意。温风将至,扇动情义,端午的扇子带着美丽的善意,清凉了多少个难挨的夏日?

画扇

北方人过端午,射柳打马球

端午还有一个习俗——射柳,源自北方游牧民族。到了明代,射柳习俗已经成为端午重要习俗之一。明朝诗人王英作《端午日赐观舍柳》:

> 鸣箫伐鼓催飞鞚,列阵行云拥翠华。
> 竞挽雕弓如月满,尽摧杨柳向风斜。
> 因知上将皆猿臂,总道诸军胜虎牙。
> 莫羡天山曾献巧,射生今已静胡沙。

端午的竞技娱乐活动,南方有盛大的赛龙舟,而北方流行的是骁勇的射箭和打马球。

射柳,从竞技到游戏

不仅端午有射柳的风俗,在清明节亦有此风俗。宋程大昌

射柳

《演繁露》中关于射柳有这么一句："壬辰三月三日，在金陵预阅李显忠马司兵，最后折柳插球场，军士驰马射之。"清明射柳，取的是留住春天，留住情感之意，而端午射柳则不同。

历史上，辽、金、元、清等少数民族皆有端午驰马射柳、打马球的竞技风俗，他们看重的是射柳的演武功能。明朝中原人也在端午玩射柳，不过，他们更在乎其娱乐游戏意义。

辽代，北方统治者将射柳定义于一种"祈雨"礼仪，到了金代，射柳正式"绑定"端午节。据《金史·礼志八》记载："重五日质明，陈设毕，百官班俟于球场乐亭南……皇帝回銮至幄次。更衣，行射柳、击球之戏，亦辽俗也，金因尚之。"并且提到："插柳于球场为两行，当射者以尊卑序，各以帕识其枝，去地约数寸，削其皮而白之。先以一人驰马前导，后驰马以无羽横镞箭射之。"也就是说，箭要射在柳枝挂断皮的白色部位。这样的射箭不仅考验箭法，同样也考验骑术。

明代以降，端午射柳依然非常流行，只是和前朝马背上的竞技相比，多了一些游戏的色彩，竞技的味道慢慢变淡。明朝文学家、书画家陈继儒云："宫人以鹁鸽贮葫芦中，悬之柳上，弯弓射之，矢中葫芦，鸽即飞出，以飞之高下为胜负。"在这里，取胜的关键竟然不是骑术或者箭法，对于参赛者而言，要射掉悬挂于柳枝上的葫芦应该不算太难，葫芦被射中后，鹁鸽飞出，再以鹁鸽飞翔的高低来判定最后的胜出，当真是游戏一场。到了清代，还要在鹁鸽的脖子上挂上鸽铃，待它们飞上天空，那叮叮当当的响声清脆地洒遍全场,更是妙趣横生。

葫芦,取"福禄"之意,在端午节挂葫芦,也是寄希望能够辟邪驱瘟,去病化煞,收集凝聚福气之意。所以,鸽子飞的高低,最后谁赢得了比赛皆不重要。重要的是,能够射掉葫芦,葫芦掉(到),福禄自然到。

射柳的习俗自辽代起,一直延续至清末,是北方端午节的主要节俗和运动,和南方的赛龙舟一样,同样有着祈福消灾的寓意。

马球也疯狂

在很多唐宋题材的影视剧作品中,往往会出现打马球的盛大场面,甚至有女子披上战服,英姿飒爽地跨上骏马,一招一式,不输男儿分毫。骏马驰骋,黄沙卷天,镜头外的我们,也憧憬着试试身手,挥洒一把。

马球起源于何时,莫衷一是。至少在三国,曹植《名都篇》中就已经有"连翩击鞠壤"之句。参加比赛的人通常被分为两队,共抢一球,以打入对方球门为多者胜。

如果不是因为唐朝历代皇帝的热衷和推崇,马球的知名度未必会那么高。在唐代,马球属于类似于今天的高尔夫球一类,是精英阶层或者说"高富帅"们追逐的游戏。

北宋李公麟作了一幅《明皇击球图卷》,纵 32.1 厘米,横

523.2厘米，现藏于辽宁省博物馆。这幅图描绘的就是唐玄宗李隆基击球娱乐的场景。在这幅画中共有16个人，画面的中心有10个人聚拢在一起，似在争抢一个小球。李隆基就是画面正中的这个人。他神情专注，身手矫捷，和素日我们印象中的皇帝判若两人。一种运动能够得到皇帝的垂青，这就是马球能够在当时成为爆款的重要因素。

唐朝的皇帝们，对马球青睐有加的不止玄宗一个，据说唐穆宗李恒也是个超级马球迷，甚至还因为打马球受到惊吓中了风，差点丢了性命。皇亲国戚中的马球超级粉丝更是数不胜数，比如章怀太子，比如杨贵妃……想要见识见识唐朝女子的风姿吗？去马球场啊！唐朝花蕊夫人就写道："自教宫娥学打毬，玉鞍初跨柳腰柔。"

到了宋代，宫廷和上流阶层的女子马球队就多见了。宋徽宗就曾组建了一支技艺高超的宫廷女子马球队，还赞其曰："控马攀鞍事打球，花袍束带竞风流。盈盈巧学男儿拜，唯喜长赢第一筹。"

马球好玩，追捧者众多，只是在唐宋时期，到底还是属于权贵阶级的游乐方式。马球比赛也不单单只是在端午节举行，只要天朗日清，想什么时候打就什么时候打。在宋代，皇帝还会在重大节庆之时，组织队伍在汴京金明池为百姓表演盛大的马球比赛，端午马球赛自然是其中之一，也算与民同乐了。

北方少数民族政权在端午祭天的国家礼仪之后，射柳与打

打马球

马球(也就是击鞠)往往是同时出现的,而射柳也通常是在马球场内进行。《金史·礼志》就有记载:"已而击鞠,各乘所常习马,持鞠杖。杖长数尺,其端如偃月,分其众为两队,共争击一球。先于球场南立双桓,置板,下开一孔为门,而加网为囊,能夺得鞠击入网囊者为胜……既毕,赐宴,岁以为常。"元代的端午节,钟情的户外竞技类游戏依然是射柳和击球。元人熊梦祥撰写的析津（今北京市）地方志书《析津志》中记载："常于五月五日、九月九日，太子请诸王于西华门内宽广地位，上召集各衙门万户、千户，但怯薛能击球者，咸用上等骏马，系以雉尾、璎珞，紫缀镜铃、狼尾、安答海，装饰如画。"马要选用上等好马，还要加以装饰一番。明代的明成祖也是马球运动的粉丝一枚，他的孙子明宣宗朱瞻基从小耳濡目染，也喜欢上了这项运动。明代中早期传世宫廷绘画中仅见的一幅堂皇巨作《明宣宗行乐图》中，就生动描绘了朱瞻基观赏蹴鞠比赛的情景，其中也包括观看打马球的场景。清中叶之后，马球运动式微，端午打马球的习俗更是消失，不能不说有些遗憾。

服饰、穿戴都讲究

端午,仲夏,微微汗,女生换上亮眼又凉快的衣裙,微风一吹,裙角飞扬,左手一只冰淇淋,右手扶一把墨镜,真是夏日里动人的风景。

古时候的端午节,也是一个换薄衣的日子。除了迎接夏日的到来,更有一层辟祟迎福的意思。在古人的观念里,端午节是毒月里的毒日,这一日一定要格外俏丽和鲜亮,用当时的话说,叫"压压日子"。

当然,在驱邪避疫的外壳下,还藏着古人的雅兴和小心思。比如南宋诗人陆游就说"粽包分两髻,艾束著危冠"。包完粽子之后,在头上插上艾草。五月石榴红,有女儿的人家正好摘一朵石榴花给姑娘们戴上,寓意平安富贵……这样的仪式感让生活充满了素雅之美,也让今人感受到古人天人和谐的生活态度,敬畏自然的生命观。

端午吉服穿上身

烈日杲杲,端午虽不会太热,但也是稍微动一动就禁不住冒汗的时日了,赶紧换上清凉的夏衣。诗圣杜甫在《端午日赐衣》就写道:"宫衣亦有名,端午被恩荣。细葛含风软,香罗叠雪轻。自天题处湿,当暑著来清。意内称长短,终身荷圣情。"端午佳节,皇上赐予了名贵的宫衣,名为"香罗衣"。这是用细葛纺成的,微风一吹,衣角便能起舞,那颜色更是洁白得宛若新雪。穿上它自然清凉无比,更饱含帝王的关怀与恩情,叫人心底透着清爽。

艾虎及艾虎纱

端午赐衣是唐代一项重要的官场福利。那年端午，时任左拾遗的杜甫就是享受了这项福利。晚唐五代以降，端午赐衣更是成为"固定节目"，属于一年三赐（五月五日、十月一日、皇帝生日）之一，获此殊荣的也从朝廷要职的小范围扩大为各级各层文武官员。当然，每个人获赠的实物肯定是不一样的。根据身份等级的不同，在面料上、数目上都有区别。《宋会要辑稿·仪制九·赐福》中就详细区分了高级官员、低品级官员获赠夏衣的巨大差别。

除了成衣，宫中也发衣料供自行裁剪。南宋周密《武林旧事·端午》记载："分赐后妃、诸阁、大珰、近侍翠叶、五色葵榴、金丝翠扇、真珠百索、钗符、经筒、香囊、软香龙涎佩带，及紫练、白葛、红蕉之类。大臣贵邸，均被细葛、香罗、蒲丝、艾朵、彩团、巧粽之赐，而外邸节物，大率效尤焉。"

紫练、红蕉、细葛、香罗都是当季的衣物面料，轻透舒适。这样的面料用来做夏衣最是合适不过了。而为了迎合端午节风俗，还有一种特别的衣料应运而生，这就是艾虎纱。为了防五毒，民间流行一种名为艾虎的压胜物。在纱衣上绣上艾叶扎成的虎形纹样，自宋代起就十分常见。宋吴自牧的《梦粱录》就记载有端午节分赐画扇、艾虎纱匹段的例子。除此之外，也有绣五毒图样的。

到了明代，端午穿五毒吉服的风俗愈演愈烈，由宫廷、官场扩大到民间，五毒服年年端午节前做，穿几日后拿去当铺当

补子

掉。第二年再重新做一身新的,年年如此,也颇费周章。明朝宫眷内臣更要从五月初一至五月十三一直穿"五毒艾虎补子蟒衣"。(补子,简称为"补",亦可称"胸背"或"官补",是明清时期在官服胸前或后背上织缀的一块圆形或方形织物。)

明代,除了常用的艾虎、五毒之外,更新增了绣张天师、钟馗等守护神纹样的服饰。另外,端午的吉祥花草纹样也格外受欢迎。明张岱《夜航船》就有载:"端阳日以石榴、葵花、菖蒲、艾叶、黄栀花插瓶中,谓之五瑞,辟除不详。""五瑞"也被人们穿上身，比起"五毒"这样的直白表达，更是增添了一抹清新文艺之色。

清代以后，五毒吉服随着官服制度的改易渐渐淡出人们的视线，但是，簪艾虎之类的习俗尚存，而儿童穿五毒衣的习俗也在继续。时至今日，江南一些地方依然有给小孩穿五毒衣辟邪的传统。

端午来了，暑气自然会来，既然无法回避，不如给这个传说中的"毒日"披上些喜庆吉祥之色，轻摇小扇，排解烦愁，倒是喜乐自在了。

健人、艾虎插头上

清凉小扇在手，香罗衣裙上身，发髻间的装点也不能少，既要好看，还要实用（要有端午日驱邪避毒的意思）。

> 缕丝裁绢。小小人名健。但得一心常缱绻。
> 两好时时对面。临风故作娉婷。
> 看花想像仪形。任取钗横鬓乱，年年祝向芳龄。

清董元恺在《端午闺中词》中提到一种叫"健人"的端午饰物。这种饰物是用盖有符印的彩绸、金银丝线或者金箔制成的骑虎小人，自唐代就已出现，明清依然流行，江浙一带的妇

健人和艾虎头饰

女尤为喜欢，还给它取了一个更适合女儿家叫的名字——豆娘。每到端午，家家户户的妇女都会做上几个，自己佩戴，也用来送给小姐妹们。老虎是端午瑞兽，旧时有驱邪降魔的意思。如果是骑虎小人，便叫"健人"；如果单单只有虎，则是另外一种配饰——艾虎。艾虎艾虎，顾名思义，就是用艾叶编剪成的虎形，又或者剪彩为虎，粘以艾叶，用以簪于发间。如果嫌单支健人太过孤单，还可以加上钟、铃、缨或者蒜、粽子等点缀。清道光年间苏州文士顾禄《清嘉录》就有关于这样"加强版健人"的描述，说它们十分精细，缀以小钗，插于发髻用。如此看来，健人有点像妇人的步摇，只是一种应端午而生的应节步摇。也有人认为，健人和艾人是一个意思，不过这是健人用帛，艾人用艾。清人吴曼云在《江乡节物词·小序》中就说了："杭俗，健人即艾人，而易之以帛，作骑虎状，妇人皆戴之。"可见，清代的杭州，妇人戴健人颇为流行。

　　端午节佩戴艾虎的历史也非常悠久，早在宋代，就有陈元靓《岁时广记》引《岁时杂记》记载："端午以艾为虎形,至有如黑豆大者,或剪彩为小虎,粘艾叶以戴之。"到了清代,艾虎也跟着升级了,变成了"绫罗虎"。

清富察敦崇的《燕京岁时记》讲述了当时北京的端午习俗:闺阁巧手女子,用绫罗剪制成小虎和粽子状,并用彩线穿起来,挂在钗头上,作头饰用;或者做一个老虎形状的绒花系于小孩的背上。

除此之外,还有用雄黄在孩子额头上或者两手、足心画"王"字的,一是雄黄可祛毒,二也是希望借虎辟邪,护佑幼儿平平安安。凡至端午,总归要搬出健人和艾虎,若是少了它们,心里总是空落落的不踏实,正是有了这些个不起眼的小饰物,才有端午的样子。

端午香囊,有颜值、有内涵

香囊,也就是荷包,通常用碎布缎子缝制而成,或用五色丝线缠成,内装香料,佩在腰间或者胸前,好看又带着香气。端午的香囊,更是自带一股药香,令人心安。

正值端午,将一枚香囊系于床头,不仅能驱赶蚊虫,还有幽幽的艾草香袭来,伴我们进入甜甜的仲夏夜梦。中国古人认为,小孩子佩戴端午香囊,可以辟邪驱瘟,令"鬼神"不敢靠近;姑娘们用香囊做佩饰,更是送给心上人的表情礼;老人们为了防病防疫，还要在香囊上绣上苹果、荷花、梅花等图案，寓意平安、和美、万事如意。

在如今大量的清宫戏中，香囊的出现非常频繁。后宫的主子们闲来无事，主仆几个围成一堆儿，在一团上等佳缎中寻出合心意的纹样，剪裁出来缝制荷包。绣龙凤以赠皇上皇后，绣春日海棠、夏日荷花送给宫中好姐妹……荷包虽小，情谊却浓。若是得了一只投契的荷包，那必定是心爱之物，用旧了也舍不得扔掉。快到端午，皇上获赠的荷包自然就更多了，所以往往也能在影视剧中看到这样的场景：皇帝的腰间佩着多个荷包，这只是这个妃子缝的，那只是某个贵人裁的……

清宫的端午香囊，一般从三四月就开始准备了，一部分要供给皇帝和后宫主子用，另一部分用以赏赐。佩戴端午荷包，不只在端午这一日，比如乾隆皇帝就要从五月初一开始挂荷包，一直到五月十五方才取下。

其实，皇帝也好，后宫各主子也罢，他们通常是一年四季都要戴荷包的，只是在端午节的时候佩戴专门适用于驱毒辟邪的荷包。这样的荷包外观上就和素日的不大一样。清宫的织绣佩饰，包括荷包在内，大多选用名贵面料，比如进贡的浮光锦、蜀锦等等，通常还要加上缂丝、串珠、点翠等精致工艺。

但是端午之类的应节香囊一般不会选用如此奢靡的料子，反而显得低调许多。这或许是因为端午香囊，取其祈福辟邪之功用，太过显眼反而不好。虽然外表比较朴实，但其内涵是一点也不少。菖蒲、苍术、艾叶、藿香……凡跟端午扯得上关系的草药，皆可塞进香囊。

《如懿传》中，皇后在端午节送给各宫姐妹的节礼中就有端午香囊，里面配有艾叶、雄黄和各色香药，用以驱虫辟邪。皇后手中的那只香囊便是用绿色绸缎缝制，配以红色流苏，显得典雅大方。除了放端午香药，也有放金银锞子的，在《红楼梦》里，还有装冰片、麝香等珍贵香料的香囊，其见大观园之奢靡。

端午香囊，并不是清朝人的专属，在这之前几千年，中国人早就有佩戴香囊之俗。从屈原的"扈江篱与辟芷兮，纫秋兰以为佩"到辛弃疾"宝马雕车香满路""笑语盈盈暗香去"，香囊不仅仅属于端午，也是中国人日常的随身之物。

关于端午香囊的记载，南北朝宗懔《荆楚岁时记》就有记载，"端午至，五毒出"。因此，端午的风俗多和驱邪避毒有关，不仅门上要悬挂艾叶、菖蒲，大人小孩还要佩戴以草药填充的香囊。

宋代，香囊就是端午的节饰，宋陈元靓《岁时广记》引《岁时杂记》说"端五以赤白彩造如囊，以彩线贯之，搐使如花"。用彩色的绳子做成抽绳荷包，拉紧绳子束口后，荷包袋子就如同一朵花一样。知名作家孟晖解释

道理袋

道,这种荷包"在宋代,叫作'道理袋''揣钱儿',是用红白两色绢罗做成一个开口小袋。"这种红白两色的小荷包,里面装的是稻米和李子,所以名为"道(稻)理(李)袋",若非如此,则是"揣钱儿"。

这样的习俗到了明清时期,更是盛行。比如明《岐山县志》就有记载:"端阳以四色线系臂,并佩戴香囊,小巧玲珑精致可观。"

一枚小小的香囊,不仅寄托着中国古人辟邪禳灾的美好愿望,也表达了古人高尚的审美情操。

长命缕和五色绳,一直戴到七夕节

五色绳,用五种颜色的细绳编织而成,据说可以避毒用,是端午节实惠又流行的装饰物。每年端午,男男女女,老老少少都会买一根戴在手腕上。

除了五色绳,还有一种小孩子戴的长命缕,也是用五色彩线编成的。这样的习俗和我国古代的五行观念牢不可分。古人视白、红、黑、黄、青为吉祥五色,这五种颜色分别代表了金、火、水、土、木,也象征着东西南北中五个方向蕴藏的神力。

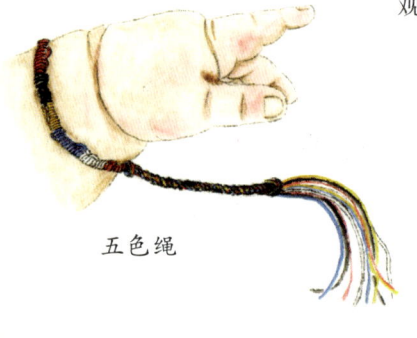

五色绳

旧时，端午给小孩子系长命缕曾经非常流行。有人说，最初，这只是流传于古越地的习俗，在汉代时传至中原，成为端午的辟邪之物，还有了"续命缕""长命寿线"等名字。一开始，长命缕只是简单的五根色线，后来才发展出挂长命锁等佩饰，愈加精致。长命缕多是给小孩子戴，小孩子的手小，手腕也细，所以要系在臂上，如果缀饰金银，就要套在颈项上。

给小孩子佩戴长命缕，要在端午的一大早，且佩戴的时候不准小孩子发出声音。有的地方，从端午之日起，一直要戴到七夕节，方才取下来焚烧；而有的地方流行在端午节后的第一个落雨天把它剪下来，扔在雨中，让雨水带走瘟疫和灾病，便可得一年的顺遂和好运。

清代的端午，身处江南的杭城小孩儿和远在京城的孩子们一样，都是要戴长命缕的。清吴曼云在《江乡节物词》小序说中说："杭俗，结五彩索系小儿臂上，即古之长命缕也。"清苏州吴县人顾禄也在《清嘉录》中写道："结五色丝为索，系小儿之臂，男左、女右，谓之长寿线。"吴、顾二人的记载，都是反映的江南地区的风俗，那么北方诸地呢？

清让廉的《京都风俗志》有这样的记载："人家妇女，以花红绫线结成虎形、葫芦、樱桃、桑葚及蒲艾、瓜豆、葱蒜之属，以彩绒贯之成串，以细小者为最，缀于小儿辫背间。或剪纸或镂纸折纸，做葫芦、蝙蝠、卍字各式，总谓之'福儿'，杂五色彩纸以衬之，总谓之'葫芦儿'。"这种挂了葫芦、蝙蝠等吉祥

玩意儿的五色彩纸，也是一种长命缕。总之，都是为了给小孩求一个平安。

如今，端午戴长命缕的旧俗已不多见，但很多人家还是会在端午节给婴儿的摇篮系上一条五色绳、挂上一只香囊，以期安康顺遂。

东汉应劭《风俗通》中记载："午日，以五彩丝系臂，避鬼及兵，令人不病瘟，一名长命缕，一名辟兵绍。"2000多年前，五色绳作为辟兵和避病的"法宝"流传开来，相沿成习，直到今天，它仍然是一种端午的仪式，在特别的日子里带给我们一份心安和慰藉，有着别样的深意。

第四章 舌尖上的端午

古往今来，多少文人雅士都在端午节里大啖特啖。

苏东坡说："不独盘中见卢橘，时於粽里得杨梅。"那一年端午，他吃了一种杨梅味的粽子。后来，袁枚也在洪府吃了一种让人想立刻发"朋友圈"的咸粽子。

梁实秋说端午就是"粽子节"，"沿街卖的粽子，包得又小又俏，有加枣的，有不加枣的，摆在盘子里齐整可爱。"

江南人、江汉平原有"端午黄鳝赛人参"之说；除了江苏高邮人爱吃蛋外，江西南昌人也要吃茶叶蛋或者盐水蛋，而河南、浙江人要吃大蒜蛋；远在吉林延边地区的朝鲜族人民偏爱清香的打糕。而偏居南国一隅的福建晋江人要吃一种唤作"煎堆"的食物。

端午，离不开吃，但也绝对不仅仅是吃的节日。舌尖上的端午背后，是延续千年的人文风俗，是人与人之间的情感共鸣。

汉唐枭羹的双重味道

有一种眼神明亮,目光尖锐犀利的动物,它们昼伏夜出,常常飞行于午夜的森林,飘忽无声,如黑影一般一闪而过。它们的叫声在黑夜里显得格外凄厉恐怖,古人称它们为"恶声鸟",其实就是现在我们所说的猫头鹰。

猫头鹰,也作枭、鸮,现为国家二级保护动物,是绝对禁止捕杀贩卖食用的。但在2000多年前的汉代,猫头鹰是中国古人端午餐桌的一道高级美食,而且一般人吃不到,非要到端午时,皇帝亲赏近臣。

古人认为猫头鹰的品性不好。三国吴陆机撰《草木疏》言:"枭也,关西谓之流离。大则食其母。"所以,枭竟然要吃自己的母亲,简直就是"忤逆之子"。

那么,古人为什么还要吃它呢?为何端午赏赐"枭羹"(用猫头鹰炖成的汤)会成为汉代官方礼仪呢?《汉史》记载:"以其恶鸟,故以此日食之。盖欲灭其族类也。"意思就是说,因为是恶鸟,所以要选在端午"恶日"消灭它,以恶制恶。当然,它还有另外一层深意：提醒告诫臣民们要行孝道，不可忤逆，不要做恶人，不可行恶事，否则终将恶有恶报。

食枭羹，其实并非端午节的专有食谱，最早是属于夏至的。汉初，叔孙通制订《汉仪》："以夏日至赐百官枭羹"。理由是什么并没有说清楚。后人补充解释道："夏至，微阴始起，长养万物，而枭害其母。因以是日杀之。"在中国古人观念里，枭害其母，就是在损伤阴气。而夏至日阴气开始回升，所以要杀掉它，保护阴气。

总之，枭羹这道"奇葩料理"开始流行起来。至于它的味道，陆机说，除了做羹汤，还可以用来烤肉串，味道非常鲜美。

后世中，皇帝分赏枭羹的习俗依然常见。唐玄宗就曾端午赐宴赏枭羹。到了宋代，苏东坡也曾亲尝过枭羹的味道，并且说："长养恩深动植均，只忧贪吏尚残民。外廷已拜枭羹赐，应助吾君去不仁。"意思是，吃了皇帝赏赐的枭羹，就要匡扶皇帝驱逐不仁不义，铲除奸逆。从这个意义上来说，端午枭羹宴是一场具有积极意义的"鸿门宴"。

枭羹

五毒饼的"铁面柔肠"

五毒饼并没有"五毒",它是一种祝福人健康、好运的食物。

五毒饼是什么?简单说起来,五毒饼就是有蝎子、蛇、壁虎、蜈蚣、蟾蜍等"端午五毒"模样、花纹的饼,并不是真的要将"五毒"做馅。五毒饼,还有"端午饽饽"之称。

老北京人都说,端午吃掉"五毒",那些毒虫便不会跑出来伤人了。这种"以毒攻毒"的想法,一度在端午时节特别流行。富察敦崇的《燕京岁时记·端阳》中就有如此记载:"每届端阳以前,府第朱门皆以粽子相馈贻,并副以樱桃、桑椹、荸荠、桃、杏及五毒饼、玫瑰饼等物。"这里说到了旧时北京人在过端午节的时候要吃粽子,也要吃五毒饼、玫瑰饼等。玫瑰饼用上等的玫瑰花瓣作料,捣烂成酱,再和以上等的白糖、蜂蜜熬稀调馅,包在雪白的翻毛酥皮饼里即成。这种饼子自四月玫瑰花开始卖,直到端午时节还在街市上,于是,人们在酥皮饼面上盖上鲜红的"五毒"印子,玫瑰饼便摇身一变,成为"五毒饼"。

除此之外,还有一种样子更"吓人"的五毒饼:将饼胚倒进"五毒"形状的枣木模子里加以烘烤，出炉后上彩抹蜜即成。不管是何种五毒饼，都是大户人家才消费得起的应节美食，富察敦崇也说了"府第朱门"，想来应该是端午馈赠佳品了。

这样的风俗传至20世纪50年代突然断了层，直到前些年，北京和天津的一些老字号重新扛起传统佳节美食的大旗，研发出新的"五毒饼"。五毒饼的馅料也从玫瑰馅发展出枣泥馅、莲蓉馅、五仁馅、豆沙馅、山楂馅等，选择更为多样，更符合现代人的口味。一盒饼的价格也很亲民，再也不是有钱人才能消遣的东西，真正算是"飞入寻常百姓家"。

这些馅料都是选用适宜夏季的养生食材，能够清心、安神、去腻。乍一看让人心惊，咬一口，松软的酥皮包裹着酸甜滑爽的馅料，真真是个"铁面柔肠"。

古人食五毒饼，以期祛病消灾，今天的人买一盒五毒饼，更多一份对传统文化、传统手工艺和手艺人的敬意。一口五毒饼，一声"端午安康"，美食与传统文化，在唇齿间融合一体。

五毒饼

端午"五黄",黄鳝首当其冲

"黄梅时节家家雨,青草池塘处处蛙。"

端午携手江南的梅雨天一起来了,雨帘只要一挂上,接连十几日都扯不下来,家家户户一边感叹梅雨季的缱绻多情,一边抱怨湿漉漉的天气,连带整个人都神思倦怠,困顿不已。

端午假期翩然而至,总归要做一道大餐排解梅雨的愁绪。江南人家的端午餐桌上必会出现清一色的带"黄"食物,俗称"五黄"。一般来说,有黄鳝、黄鱼、黄瓜、咸蛋黄和雄黄酒,有的地方也选用黄梅、黄泥螺,也常用黄酒替代雄黄酒。除了"五黄",餐桌还常见"三白":从白切肉、白蒜头、白斩鸡、白豆腐、茭白中选取三样为食。这就是传说中的"五月五,五黄三白过端午。"这一桌子食物,可清热降火、健脾和胃,在阳气最盛的端午中午最适合吃这种"五黄饭"。什么时候吃什么样的食物,中国人是最有讲究的。依四时摆弄餐桌,拿起筷子端起碗,最能品出平常日子的大智慧。

"五黄"大餐中最值得期待的,也是考验功夫的一道菜是黄鳝。端午到,青蛙叫,黄鳝肥,满地跑。端午的时候,是鳝鱼肉质最嫩的时节,有俗语说"端午黄鳝赛人参",意思就是,经过一个冬天的蛰伏和整个春天的滋养,此时的黄鳝不仅适合择食,还特别有营养。

想要吃到最好的黄鳝,就要从源头开始把关。端午的清晨,下过一场雨,塘满堰满,还不算太热,江南农人要下田去挖黄鳝了。一根小铁钩,一只深口竹筐,还有一小袋蚯蚓,在田坎的水塘边发现一些小洞,把蚯蚓绑在铁钩头做诱饵,再用铁钩一钩,顺着往外一拽,那滑溜溜的黄鳝便跟着出洞了。这个时候,要学着和黄鳝玩"拔河",因为黄鳝十分聪明,一不小心,就让它跑了。

捉黄鳝

成功抓到野生黄鳝，是做端午"五黄"大餐的第一步。待抓到一竹筐的黄鳝，就可以回家了。回家将黄鳝去骨切段，下油锅翻炒，再加点黄酒或者料酒去腥，之后倒入切墩的农家咸猪肉继续翻炒，再加笋、加水焖烧一会儿就成了。这就是江南端午知名菜——咸肉黄鳝汤。

一方水土滋养一方美食，在江苏有黄鳝名菜"软兜长鱼""梁溪脆鳝""响油鳝糊"等，南京酒家四大名菜之一——炖生敲也是以黄鳝为原料，色泽金黄、富有韧性，食之酥烂入味，入口即化，深受宾客喜爱。

川渝地区的食客嗜辣、重口。泡椒鳝段是重庆夏季夜市上必不少见的一道江湖菜。爽脆入味的鳝段加上泡椒的酸辣开胃，一口饭，一口菜，根本停不下来。

湖北天门，还有一道"泡（炮）蒸鳝鱼"在端午等着你。所谓"炮蒸"，就是以蒸为主，还要用滚油烫过鳝鱼表皮，待发出"啪啪啪啪"的如鞭炮一般的响声即可出锅上桌。

端午黄鳝好吃也奇货可居。野生的黄鳝价格颇高。也正因为如此，端午的黄鳝才如此备受珍视。老辈儿人都说：吃了端午五黄，不招蚊虫咬，不被瘟疫侵。这样的味道，传承了几百上千年，由口入心，那一桌子"五黄三白"更是让人牵肠挂肚的端午情。

端午尝午"十二红"

端午,窗外石榴正红。老话说,端午是"毒月毒日",一应吃、穿、风俗习惯都要围绕着驱邪避毒展开。在中国人的传统观念里,辟邪一定和红色分不开。比如,插一支红石榴花在花瓶里,做一只红色的香囊挂上,给孩子缝制一个绣着"五毒"图案的红肚兜,再给他们的小额头上画一个红点……走遍大江南北,端午的"红色风流"尽显。而在江苏,这一道"端午红"是从午餐桌上开始的……

"扬州八怪"代表人物郑板桥当年在回忆江南的端阳时,也提到过"十二红",他说:"端阳节,点缀十红佳。萝卜枇杷咸鸭蛋,虾儿苋菜石榴花,火腿说金华。"只不过,他也记不全"十二红"的掌故,所以缩水成了"十红佳"。那么,到底何为"十二红"?

老扬州人有"尝午"的端午传统,"尝午"就是要吃这一桌"十二红"。说白了,就是十二道红颜色的菜。至于到底哪十二种菜,家在江苏高邮的汪曾祺在《端午的鸭蛋》一篇中回忆道:

"十二红里我只记得有炒红苋菜、油爆虾、咸鸭蛋，其余的都记不清，数不出了。也许十二红只是一个名目，不一定真凑足十二样。不过午饭的菜都是红的，这一点是我没有记错的，而且，苋菜、虾、鸭蛋，一定是有的。"关于"红"，分歧不大，要么是本身就是红色的菜，比如红苋菜；要么是取"红烧"之做法，做出来的菜色亦是红色。

按照这样的标准，入选"十二红"的有烧仔鹅，取其头红；烧鸡子，冠子红；炒长鱼，肚子和血皆红；炒虾子，全身通红；黄鱼用来烧，也取其眼红；炒红苋菜，其汤色更是红通通的；洋花萝卜，夹心红；西红柿也熟红了；再来一只红豆粽子，配上红樱桃，皮带黄红的枇杷；最后一样是最让汪老爷子牵肠挂肚的咸鸭蛋，心儿是红的那种！当然，"十二红"不拘泥于这十二道菜，不过老鹅、黄鱼、咸鸭蛋和红苋菜是必不可少的。

如今，想要品尝端午"十二红"，可以选择在家做，也可以去酒楼订下一席，一般人也都消费得起，而旧时，要凑齐端午的"十二红"，只有大户人家才够得上。普通的小老百姓能有咸鸭蛋和红苋菜凑数就已经不错了。不过，老百姓自有老百姓的智慧和幽默，实在凑不出来了，干脆多切几个咸鸭蛋，再炒个苋菜，烧个苋菜汤，如此也能凑出"十二红"来。更有聪明人用韭菜炒咸鸭蛋，"韭"通"九"，如此也离十二不远了。

端午

十二红

其实,"十二红"吃什么不是最重要的,重要的是,取"十二个月红红火火、大吉大利"的好意头,这一口一口停不下来的"红",是乡愁,是人情世故,更是端午的美好记忆。

吃蛋挂蛋，端午福气蛋

端午吃蛋，有一个由来已久的传说。很久很久以前，有个住在天上的瘟神。每到端午就溜到人间撒疫害人，遭罪的大多是孩子。母亲们都很害怕，跑到女娲娘娘庙去烧香，祈求女娲娘娘显灵，庇佑孩子。

女娲娘娘心地善良，便找到瘟神，一半商量一半要求："今后，若是我的嫡亲孩子，你都不准伤害。"

瘟神知道女娲娘娘招惹不起，便问她有几个孩子。

女娲说，"我的嫡亲孩子很多，以后，我让他们在端午的时候在衣襟前挂一只蛋囊，那便是了。"

母亲们知道这个避难之法后，纷纷给孩子挂上。到了端午，瘟神又来了！但人间的孩子们全都挂上了蛋囊，瘟神实在没办法，只能走开。渐渐地，端午给孩子挂蛋囊、吃蛋的习俗便逐渐流传开来。

挂蛋囊，就是大人用丝线编成蛋套，将煮熟的鸡蛋或者鸭蛋装入其中，挂在小孩子脖子上。这样的习俗不仅端午有，和端午紧挨的立夏节气也有,无非都是图个吉祥,希望孩子平安健康。

　　端午不仅要挂蛋,更要吃蛋。过去的人,科学认知水平不高,于是民间有"吃蛋生心"的说法。这是因为蛋的形状如心,本着"吃什么补什么"的原则,认为吃了蛋就能让心气精神不亏损。用现在的话说,鸡蛋是高蛋白,能够补充人体所需的蛋

吃蛋听雨

白质,古时端午吃蛋,不仅为了讨口吉利,更是改善生活的法宝。有些地方的人将煮鸡蛋的水也赋予了神奇的力量,认为这种水和端午的艾草菖蒲水一样,洗了之后便不会遭蚊虫叮咬。

十里不同风,百里不同俗,吃蛋的风俗自然也不相同。汪曾祺惦记老家高邮"质细而油多"的咸鸭蛋,而江西南昌的人们则更偏好在端午吃茶叶蛋和盐水蛋。在河南和浙江的乡下,主妇们要在端午这日起个大早,煮一锅大蒜鸡蛋供全家人享用。有时候还加入艾叶,以期夏天不生毒疮。东北人就更讲究了,无论的鸡蛋鸭蛋还是鹅蛋,这一天的蛋必须得由德高望重的老人来煮,然后放到孩子们的肚皮上滚,滚过之后再吃。据说,这样会让孩子们"一年肚子都不痛"。天南海北的人过端午,不仅自己在家煮蛋吃蛋,走亲访友还要送蛋。因为路途遥远,天气也热,送生蛋不易保存,于是,很多地方便流行起送皮蛋,更要以松花皮蛋为佳。夏天的黄瓜正鲜儿,用松花皮蛋做一碗黄瓜皮蛋汤,或者做一个青椒皮蛋,又开胃又解暑。

端午的雨一来,没完没了,头天还有丝丝凉意,等雨一过,立马是炎炎夏日。"要吃咸蛋粽,才把寒意送。"吃过了咸蛋,吃过了粽子,这夏天,才算真正迎接到手了。

"五月榴花妖艳烘,绿杨带雨垂垂重。"端午,看榴花,看雨,吃粽子,吃蛋。

糕点还是绿豆味好

《舌尖上的中国》说过这样一句话:"甜是人最简单、最初始的美食体验。"

端午临仲夏,不妨尝点甜食吧,而绿豆糕就是端午甜食中的C位占据者。传统中华老字号如稻香村、知味观、沈大成、功德林等都有售卖,让你足不出户,就能够端坐家中,一口清茶,一口清饼,回味悠长。

绿豆,在中国已经有两千多年的栽培史,自绿豆在中国大地上生根,中国人就开始发明、制作各种绿豆制品。至少在南宋时期,杭州人已经开始用绿豆做糕饼,一块方寸大小的绿豆糕,小口细品,配以一碗七宝擂茶,成为宋人精致生活的写照。

直到明代,李时珍不但看到了绿豆糕的精致,尝到了其美味,更发现了它的绝妙好处,他将其记录在《本草纲目》中:"绿豆磨之为面,澄滤取粉,作饵炖糕⋯⋯有解诸热,补益气,调五脏,安精神,厚肠胃之功。"

端午时节,瘴疠之气尤其旺盛,人也容易烦躁,除了食用粽子、雄黄酒、鸡蛋等食物避毒辟邪之外，一两小块清香爽甜、松软可口又富有营养的绿豆糕真是上乘的消暑小食。在一些宫廷戏中，我们也能看到后宫的娘娘们在夏日里品绿豆糕。而自端午开始，绿豆糕也一直在街市上叫卖，到中秋之后还能买到。

在没有空调，只靠冰砖和扇子驱暑的过去，绿豆糕单从色调上就取胜了。再加上"糕"又和"高"谐音，象征着步步登高、飞黄腾达之意，再和端午的粽子在一起，更有"高中"的好意头，因此便成为中国人不可或缺的端午小食。

后来，绿豆糕也有了南北之分，比如制作时不添加任何油脂，入口松软无油润感的京式绿豆糕；还有制作时需添加油脂，口感略显油腻的苏式绿豆糕。现代还喜欢一种滇式绿豆糕，口感细腻湿润，入口就化，中间还包有芝麻豆沙核桃馅，更像个绿豆馅饼。

端午的苏州城，有一点潮，有一点闷，合欢花开，沾点雨水就在枝头挂不住，纷纷飘落。青黛色的天空下，深深的巷子尽头，飘溢着各种糕饼的香味。好一个姑苏城，一半是生活，一半是诗。那一声声悠长的绿豆饼叫卖就是这个时候传出来的，吴侬软音，拖得老长老长，和糕饼一样黏黏的、甜甜的。

有人说，到了苏州，非采芝斋的不食，其实街头巷尾的味道已足够诱人。那些个店铺都不大，就藏在某个不经意的转角，里面食客也不多，侧着身子进去，端上一份绿豆糕，一碗双皮奶或者红豆沙，一勺奶皮，一口糕。就这样一直坐到黄昏，外面的游人都收起了伞，方才想起要告辞。临行前，不忘让老板再包上几块绿豆糕带回去。那一层怀旧的油纸，裹着几块点心，慢慢地，油润渗出了纸皮，端午的感觉一下子便有了。

一两清风，二两细雨，姑苏的夏日，时时刻刻都像一场梦。关于江南的记忆，都在这留香的唇齿间。

西安人过端午离不开的两样东西，一是粽子，另一则也是绿豆糕，就连送给亲朋好友的伴手礼也是这两样一起送。穿越回大唐，那时候的端午，网红美食还是一种叫如意糕的蒸糕。

双皮奶、绿豆糕

蒸糕不像现在的动辄用烤的糕饼，少了火气和燥气，尤其适合夏季解暑消遣。如意糕上印有各种如意图案雕饰，故此得名。据说，那时候有一家叫"张手美家"的店铺，端午节当日专做如意糕售卖，受欢迎程度丝毫不比现在的网红美食店逊色。时至今日，虽然如意糕已没办法完全还原，但西安人端午吃绿豆糕的习俗却从盛唐开始，直到今天。

转眼又是夏，盘中清凉送。如溪水般清凉的绿豆糕经唇齿滑入喉咙时，浑身顿觉一丝凉意，仿佛置身山林间，这才叫"身未动，心已远"。

雄黄酒要慎饮

清代诗人李静山在某一年的端阳信手拈来一首打油诗《节令门·端阳》，其中有两句："樱桃桑葚与菖蒲，更买雄黄酒一壶。"在他的端午四件套里，樱桃、桑葚都是时令水果，菖蒲是驱邪攘灾佳品，至于雄黄酒嘛，值得推敲一下了。

我们最为熟悉的雄黄酒典故有两个，且两个都和端午有关系。一个是屈原的故事。屈大夫投江后，人们担心水龙吞噬破坏他的身体，便在端午日将大量雄黄酒倾倒进江中，水龙饮酒后，昏昏沉沉，便不会破坏屈大夫的身体了。另一则故事，则是家喻户晓的白娘子的传说。

据明末《警世通言》的宋元话本记载，宋代，一个修炼千年的蛇妖化作人形，欲到人间报恩。她长得很美，姓白名素珍，随身还带有一修炼了五百年的青蛇丫鬟，名小青。她们俩在断桥上邂逅了前世的恩人许仙，白素贞遂以身相许。婚后二人甜甜蜜蜜，日子还算顺风顺水，白娘子还怀上了许仙的骨肉。许仙却在这个时候得知白素贞、小青二人乃异类。又一年端午，

许仙劝白娘子饮雄黄酒

按照杭城风俗,家家户户都要备上雄黄酒辟邪。为了寻得真相,许仙哄劝白娘子饮雄黄酒,白娘子推脱不了,饮后现出原形……

且不说故事里的恩怨情仇,但从故事的字里行间即可看出,端午蛇虫乱窜,毒气上升,人们的确用雄黄酒来驱蛇虫、保平安。古人在同瘟疫、疾病乃至灾难斗争的过程中,总结出一些避病攘灾的生活经验。

雄黄,是一种矿物质,又称作石黄、黄金石、鸡冠石,通常为橘黄色粒状固体或橙黄色粉末,质软,性脆,其主要成分是二硫化砷,有毒。古话说:"饮了雄黄酒,病魔都远走。"雄黄酒真的如此神通广大？

魏晋时期的《荆楚岁时记》先是提到了一种菖蒲酒，"以菖蒲或缕或屑，以冷酒。"这种酒味道芳香，口感也很好，后来又在酒中添加雄黄和朱砂。可见，雄黄酒并不是雄黄勾兑的白酒，而是以菖蒲酒做基础，添加适量雄黄的酒。明谢肇淛《五杂咀》记载："饮菖蒲酒也……而又以雄黄入酒饮之。"

明冯应京在《月令广义》也说："五日用朱砂酒，辟邪解毒，用酒染额胸手足心，无会虺蛇(古书上说的一种毒蛇)之患。又以洒墙壁门窗，以避毒虫。"《清嘉录》也记载："研雄黄末，屑蒲根，和酒饮之，谓之雄黄酒。"

人们在端午之前将菖蒲根晒干切细，到了端午日拌上少许雄黄，用白酒浸之，也有人直接用少量雄黄浸酒而饮，这就是"五月五，雄黄烧酒过端午。"

雄黄酒的确有杀菌驱虫解毒之功效，《本草纲目》中也说它是"治疮杀毒要药也"。只是雄黄酒性烈，即便在旧时，也多是男人喝，女人看，小孩更是沾不得。虽然家家都酿雄黄酒，小孩子们也只能是额头上、耳鼻、手足心上涂抹一点，意为蚊虫不叮，百毒不侵。打了井的人家，还会在端午日用布匹包上一小块雄黄，扔进井里，据说可以祛除水中之毒气戾气。饮不完的雄黄酒，可以喷洒在院落的犄角旮旯儿，屋檐床底下，是驱虫蛇之良品。时至今日，逢端午依然可以买到雄黄药包，用来驱虫防身、消毒避疫。

雄黄酒抹额头

只是现代科学认为，雄黄的主要成分是含有毒性的二硫化砷，加热到一定温度后在空气中可以被氧化为剧毒的三氧化二砷，即砒霜。大量饮用雄黄酒，无异于等同饮毒酒。所以饮雄黄酒要慎之又慎，若确实有医用一定要严格遵医嘱，切莫擅自斟饮。就算是涂抹身体，也需小心谨慎。

端午节，我们不妨改雄黄酒"内服"为"外用"。用雄黄酒喷洒花园、阳台，好意头也取了，实用性也用到位了，岂不妙哉？

第五章 端午节的文化味道

端午

　　端午节也许称得上真正意义上的全民参与、文武兼备、动静结合的全能型节日。它既是全民卫生防疫节。它也是吃货眼里的粽子节；既是文艺青年喜欢的诗人节，又是运动健将一显身手的龙舟节，还是深受广大女性欢迎的女儿节。

　　端午节，既有上得厅堂的文玩雅事，又有下得厨房的锅碗瓢盆；既吸引了阳春白雪的青睐，又发动了下里巴人的参与；静下来可以听雨观叶想心事，动起来可以纵横江河逐日月。中国古人在这个节日里，几乎融入了对生活的所有美好愿景，而这些愿景如果表现出来，可能是一首诗，可能是一阕词，也可能是一幅画。

诗词品端午

以屈原之名,端午文化被世世代代发扬光大。屈原,首先是一位名垂青史的伟大诗人,他让中国诗歌从集体传唱转变成个体创作,他创造的"楚辞"与《诗经》并称"风骚",开创了后世诗歌长远发展的先河。纪念中国这位首屈一指的伟大诗人,端午节当然离不开诗歌助兴。

千百年来,一代代中国文人就以纪念屈原之名,举办端午雅集。身着儒雅的士子,佩香囊聚林泉,熏苍术白芷,饮雄黄吃香粽,曲水流觞,吟诗作赋。及至今日,诗会仍然是端午节文艺范儿十足的活动之一。人们通过吟诵诗歌,纪念先贤,回归自己的内心。通过那些古老的诗歌,我们仿佛穿越到诗人生活的时代,跟他们一起沉浸到了端午佳节的氛围中,浪漫而温馨。

五月榴花妖艳烘,绿杨带雨垂垂重。
五色新丝缠角粽,金盘送,生绡画扇盘双凤。

端午

> 正是浴兰时节动,菖蒲酒美清尊共。
> 叶里黄骊时一弄,犹瞢忪,等闲惊破纱窗梦。

作为最重要的中国传统节日之一,文人墨客对端午的吟诵,让我们在千百年后读来依然兴味盎然。欧阳修的这一首《渔家傲·五月榴花妖艳烘》就十分有画面感和代入感。

那一年端午,绿意蓬蓬然。诗人欧阳修兴致极好。五月极好的石榴花,开得如火一般;细雨倾洒,杨柳被雨水浸润后变得重了一些,自顾自地低垂着头。人们用五彩丝线包缠角粽,用金盘盛装,再和一把绣有双凤的绢子团扇一并送给闺中密友。这一日正是端午,人们要饮下菖蒲美酒,驱邪避毒,更要沐浴更衣,祛除晦气。黄鹂鸟躲在林间小憩歌唱,不时扑腾几下,恍恍然,惊扰了纱窗后那手持团扇,睡意正浓的女子闺梦。

欧阳修为我们勾勒了一幅"端午美人图",而陆放翁在《乙卯重五诗》中写道:

> 重五山村好,榴花忽已繁。
> 粽包分两髻,艾束著危冠。
> 旧俗方储药,羸躯亦点丹。
> 日斜吾事毕,一笑向杯盘。

端午日,山村风光甚美,榴花繁茂。吃了有两只角的粽子,又在高冠上插了艾蒿应景。接下来,忙着储药、配制药方,端午药香弥散开来,为的是一年到头都不生灾病。不知不觉,已是夕阳西斜,家人准备的端午酒菜已经上桌,看上去就让人开心,便自饮一杯,畅快抒怀。

如果说欧阳修和陆游在端午的诗性只是自己小情小调的抒发,那么诗圣杜甫就有点"炫耀"之嫌了。他在端午日得到了皇帝亲赐的夏日薄衫,得意之余不忘赋诗一首《端午日赐衣》:

宫衣亦有名,端午被恩荣。
细葛含风软,香罗叠雪轻。
自天题处湿,当暑著来清。
意内称长短,终身荷圣情。

都说礼轻情意重,这宫衣轻薄柔软,虽谈不上价值连城,确是圣上一番恩情,还未上身,已觉清凉无比。可以想象一下,当时杜甫脚步轻快,心里那个美自是不用说。

还有的人则比较伤怀。比如元曲作家、诗人、词人舒頔就写了一首《小重山·端午》,读来颇有<u>丝丝忧愁</u>。

碧艾香蒲处处忙。
谁家儿共女,庆端阳。
细缠五色臂丝长。

空惆怅，谁复吊沅湘。

往事莫论量。千年忠义气，日星光。

离骚读罢总堪伤。

无人解，树转午阴凉。

    端午时节，家家户户都忙着采摘菖蒲、艾草，用五色丝线缠绕手臂，准备过端阳节。而诗人却暗自惆怅，谁还会在端午节吊唁屈原呢？屈夫子忠义气节，日月可鉴。诗人读罢《离骚》，亦能感到哀伤。诗人说，没有人能理解他的心境，只得在树荫下乘凉解闷。这样一份孤寂落寞，不仅舒颁有，还有很多诗人在提到屈原旧事时亦有。

    唐代诗人戴叔伦说："沅湘流不尽，屈子怨何深"（《过三闾庙》）；宋代诗人梅尧臣说："屈氏已沉死，楚人哀不容。何尝奈谗谤，徒欲却蛟龙。"（《五月五日》）文人墨客一方面赞扬屈子之高洁，另一方面，也暗喻自己郁郁不得志。

    端午，年年岁岁应如是，岁岁年年却不同。入世出世，顺境逆境，倒不如学元代诗人贝琼的洒脱，"海榴花发应相笑，无酒渊明亦独醒。"（《巳酉端午》）

    我们现在经常说，要胸怀古意去生活。这么多传统节日的出现和设立，其中一个立意，正是提醒着脚步匆匆的现代人，适时停驻下来，关照当下的生活方式，用礼仪去亲近传统佳节。让我们的心暂且脱离现实，如古人一般浪漫潇洒。

往事越千年,笔墨抒情怀。多少古人为我们镌刻了一幅动人的端午盛景,五月初五的韵味,在字里行间流淌,在历史积淀中历久弥新,充满灵动。

画里的端午

端午的文化味儿在哪里？既在诗人的笔下，也流淌在画家的笔墨间。古往今来，凡作端午者，有以风俗为题，也有以应季花草、食物为对象。在他们细腻的笔触下，是端午生动的游戏场面，是烟火气息十足的风味人间。

《金明池争标图》，回到宋时端午

《清明上河图》是北宋画家张择端的代表作，描绘了北宋都城汴梁在清明节，车水马龙的繁荣市井景象，有"中国古画第一长卷"之美誉。清明过了，转眼就是端午，张择端大笔一挥，又为我们描述了一幅汴梁城金明池端午争标的热闹景象。这幅传为张择端创作的风俗画名为《金明池争标图》，是我国现存最早的反映端午龙舟竞渡场景的画作，长28.6厘米，宽28.5厘米，现存于天津博物馆。

欣赏《金明池争标图》，首先要了解金明池。从画作中可以

摹张择端《金明池争标图》局部（澳屋）

看到，金明池四周苑墙围绕，池水中央有小岛，岛上有圆形殿宇，有拱桥通达左岸，左岸建有彩楼、水殿，下端牌楼上额书"琼林苑"三字。

金明池在汴梁（今河南开封市）郑门外西北，为宋太宗亲赐名的皇家园林。《梦溪笔谈》记载："金明池，北宋太平兴国元年（976年）开凿，池水引自金水河，旧址在开封城西。"《东京梦华录》中也讲到金明池:"在(汴梁)顺天门外街北,周围约九里三十步,池西直径七里许。入池门内南岸,西去百许步,有西北临水殿,车驾临幸观争标锡宴於此。"

一开始,金明池是军事训练基地,水军在此地训练、演习。随着各种设施的完善,逐渐衍变为皇家游乐场所,并且在每年春天向平民百姓开放,称为"开池"。除了金碧辉煌的殿宇,跨越水面的横桥外,画面的右侧还细致描绘了一种跨水而建的建筑物,这三间高大的屋子被称作"澳屋"。据说,这里是专门用来修理和存放大龙船的。澳屋的设计理念非常先进,一旦放上水,大船便可开进来;一旦排水便可将船底露出来,再用特制的大绳子将龙船吊起来,就可以维修了。

到了北宋中晚期,金明池已经成为当时世界上最大的水上园林。《金明池争标图》描绘的就是端午时节,宋太宗亲临金明池,观赏龙舟竞渡,与民同乐的场景。苑墙内外,人群熙来攘往,好不热闹!

又逢一年端午时,金明池"开池",百姓得以进入观盛大龙舟比赛。这里说的"争标",就是指的龙舟竞渡。因为宋太宗的大驾光临,文武百官和家眷也纷纷来凑这个热闹,一时间,金明池畔高朋满座,呼声一浪高过一浪。

和今天的龙舟竞渡一样,当时的龙舟比赛在正式开赛前也有方阵表演。成群小龙船要到澳屋前将雕梁画栋的大龙船牵引到水殿前,船头龙首处站着一个人,手中挥舞着旗帜。大龙船两侧各有五艘小龙船,根据这人手中的旗帜,作各种列队表演。

一系列表演结束后,才是端午的重头戏:争标。从画中可以看到,水面有醒目的标杆,上面裹着彩绣,这是选手们要争夺的对象。争标采取三局两胜制,取胜的队伍可以得到标杆上悬挂的或者是皇帝亲赏的礼物。为了鼓励选手,增加娱乐性,皇帝还会往池子里投下一些银碗银器之类的物什,选手们在比赛结束后便纷纷跳进池子,争抢这些礼物。这一习俗在很多地方至今仍然延续,只不过银碗换成了被灌了雄黄酒的鸭子。这样的环节设计大大增加了活动的娱乐性,让这场端午运动会的尾声增添了不少欢乐的插曲。

除了水面上的热闹,画家也兼顾了地面上的热闹:拉车的、骑马的、摆摊的、玩杂耍的、放风筝的应有尽有,让我们得以一窥当时繁华夺目的"端午嘉年华"。

元代画家王振鹏也画过一幅《金明池争标图》,和张择端版不同的是,这幅画着重表现了大龙舟的恢宏。清代的王概也做过一幅《龙舟竞渡图卷》,纵 18.2 厘米,横 359 厘米,现存于北京故宫博物院。该幅画卷运用大片留白表现水天一色和浩渺的江河,给人以开阔的视野。几艘龙船点缀在画卷中,船上虽人小如蚁,仍能观出奋力拼搏的动感。

名家端午图，都是寻常端午景

端午吃什么，喝什么，悬挂什么，种植什么，有这么几幅小画描摹了端午的小品，可以让你看个究竟。

明代陆治绘的《端午即景图》，只用了淡墨勾勒出湖石作背景和衬托，以凸显萱草、蜀葵、石榴等花叶。宋代黄庭坚在《谢张仲谋端午送巧作》中写道："萱草石榴偏眼明"。

萱草，是百合科草属的一种多年生宿根草本植物，有"金针""忘忧草""宜男草""疗愁"等别称。每到端午时节，是萱草开得最为热烈的时候，虽然花期不长，却花大艳丽，一片片的明黄或者大红向着太阳，让人看着欢喜。萱草具有清热利尿，凉血止血之功效，所以又有诗曰："葵花向日枝枝似，萱草忘忧日日长。门有庆，福无疆。"福寿无疆乃是最好的祝福，可见，萱草的确使人忘忧。

在中国古代的端午诗词中，萱草经常和石榴搭档出现。比如元代著名的剧作家、散曲家张可久在《一枝花·夏景》中就说："海榴浓喷火，萱草淡堆金。"这里说的"海榴"，就是指的石榴。进入端午，日头愈发毒辣，几个大太阳后，榴花也开得愈发红火。

明代的倪岳专门写了一首《端午会孟阳宅分得石榴》："五月薰风送晚凉，海榴成子日初长。海差半向花间出，错落偏宜叶底藏。红玉晕肌空赋色，骊珠充腹半含浆。遥知岁暮重来赏，醉里须分一颗尝。"榴花端午艳阳天。旧时，老人们要给孩子们的头上簪一朵石榴花。石榴花开富贵,又寓意多子多福,是希望孩子们平安富贵,日子红火。

陆治画的都是自己亲手种植下的应景花木。除了古诗中的好搭档萱草和石榴,他还专门栽种了另外一种花木——蜀葵。蜀葵好看,却不是人人都识得的。明代杨穆《西墅杂记》记载,成化甲午年间,有倭人入贡,见栏前蜀葵花不识,便题诗留问:"花如木槿花相似,叶比芙蓉叶一般,五尺栏杆遮不尽,尚留一半与人看。"问的便是与木芙蓉同属锦葵家族的蜀葵。

蜀葵蜀葵,闻其名便可知它是生长在四川发现的花。蜀葵花开时,红色花朵缀满枝头,有人说它甚至可以与牡丹媲美,故而又名"一丈红"。因其在端午前后盛开,故而又有"端午花""端午锦"之名。蜀葵花期也长,能从初夏时节一直伴我们到夏末,且其根、茎、叶、花、种子皆能入药,在夏天亦能清热解毒,疗愈疮毒,所以大家也推崇它为驱毒辟邪之物。

喜欢以蜀葵入画的,还有清末画家任伯年。他在《端午图》中以我们最常见的"端午伴侣"——艾草、菖蒲为主角,还有一主角就是蜀葵。除此之外,地上的枇杷橙黄,惹人垂涎,蒜头俏皮可爱,还有一条大黄鱼横亘其间,一幅鲜活的端午生活场景跃上纸面。

清末画家任伯年,浙江山阴航坞山人(现杭州市萧山区瓜沥镇),后来移居上海,卖画为生。和他家乡相距不远的余杭塘栖,自古以来就是中国三大枇杷产地之一。塘栖枇杷始种于隋,

齐白石《端午美味图》

繁盛于唐,极盛于明末清初,在江南民间,素有"夏月枇杷黄似桔"的俗谚,画家身处其间,耳濡目染,笔下的枇杷自然生机盎然。某年端午,院子里的枇杷树硕果累累,画家于小溪流中捞起一条黄鱼,以黄酒烹之,又令家中顽童上树摘下枇杷数个,一口黄鱼一口酒,再剥两个熟透的枇杷尝鲜,听小儿绕膝胡闹,如此光景绵延,好一幅岁月静好。

偏爱五月枇杷黄的，还有著名画家张大千和陈半丁。古人费尽心思找到的"天中五瑞"：菖蒲、艾草、石榴花、蒜头、龙船花，到了张大千和陈半丁的笔下竟然被改了。张大千的《五瑞图》，选了菖蒲、艾叶、枇杷、石榴和大蒜；陈半丁的《天中五瑞》则换成了菖蒲、艾叶、枇杷、大蒜和黄瓜。两位画家不约而同地选择了枇杷，可见枇杷深得人心。

　　另一位绘画大师齐白石老人却把笔墨更多匀给了端午节必吃的粽子。白石老人在1943年所做的《五日吉祥》图，除了一长串的艾叶菖蒲，就是粽子两只，配以酒壶酒杯，随意地躺在地上，质朴生动。1953年，白石老人又作《端午美味图》，笔下都是端午节应景之物，粽子三只，樱桃三颗，荔枝两枚，咸鸭蛋半瓣，雄黄酒一壶，寥寥数笔，尽显端午寻常人家的生活滋味。

符画与避毒

　　端午要避"五毒"，百姓们认为将"五毒"画一张图上，张贴起来，或者绣在肚兜上，给小孩子穿上身，就可以成功避毒。清代，天津杨柳青年画应时而作《五毒》图，在一只硕大的葫芦里，"五毒"被葫芦成功吸附进去，除此之外，还有一大老虎。葫芦，寓意"福禄"，有吉祥的含义。将"五毒"捉拿进葫芦中，以葫芦的真气就能祛除毒气。渐渐的，葫芦五毒

葫芦五毒图剪纸

图便被刻绘成年画,家家户户都能在端午时节请一张"五毒"符画,避毒消灾。

因为"五毒"符画在端午节期间张贴,所以也可以称作"平安符画"。通常,还会和张天师像、钟馗像等一起悬挂,护佑家宅安宁。这样的习俗在清代最为流行。清人顾禄在《清嘉录》里记载:"(五月)朔日,人家以道院所贻天师符,贴厅事以镇恶。""天师符"上,张天师身披八卦袍,手执利剑,坐骑黄虎而来,借以彰显天师威武,降妖除魔,驱邪惩恶。人们将这种端午应时画请回家后,一般贴于卧房之上,以求得到攘灾最大功效。

中国国家博物馆还藏有一件明代五彩张天师驱五毒图盘。盘子中间,张天师骑着异兽带着宝剑,准备斩除蟾蜍、蝎子、蛇、蜈蚣和壁虎这"五毒"。此盘制于明万历年间,从图案的内容来看,和清代流行的"五毒"年画并无二致。随着符画在清代的走俏,"五毒"画便更是在街头巷尾寻常见,家家户户端午备了。

"天师镇宅,驱鬼降妖,祈福消灾,人财两旺。"端午恶日,人们的心愿都在这张小小的端午符画上了。

第三节 名家写端午

曹雪芹写端午，丰子恺也写端午。沈从文的端午节好玩，汪曾祺的端午节好吃。有人说，文学家、艺术家就是很好的生活家。我们且从这些生活家的笔下，去体味一个丰富多彩的端午节。

《红楼梦》中的端午，意在言外

端午节是中国人的大日子，曹雪芹却在《红楼梦》中着墨不多，大致有八回，在这些为数不多的文字中，曹公到底描摹了一个怎样的端午呢？

《红楼梦》第三十一回写了这样一句话："这日正是端阳佳节，蒲艾簪门，虎符系臂。午间，王夫人治了酒席，请薛家母女等赏午。"显而易见的端午习俗，是将艾草菖蒲插在门上边，用虎符等护身符系臂辟邪。而后，讲到王夫人置办酒席，请薛姨妈母女来"赏午"。

端午

这里说的"赏午"是端午的一个重要习俗——躲午。端午被古人认为是恶月恶日,凡是女儿家,尤其是出嫁的女儿都是回娘家躲端午的。

薛姨妈是谁?王夫人的妹妹,如今又暂居王夫人家,自然是把这里当作娘家的。像凤姐儿这样的回不了娘家的人,也把王夫人家当作娘家,一同来热闹热闹。至于嫁到宫中"那见不得人的去处"的贾元春又该当如何呢?既然回不了娘家,干脆就赏礼吧,权当是做亲自回了趟娘家了。

元妃做了什么事呢?首先,她让夏太监拿了120两银子到贾府,让贾府的人初一至初三在清虚观打平安醮。打醮就是祈福。在宫里当妃子,自然是步步小心,战战兢兢。所以贾母带着全家老小亲自去道观打醮,为的自然也是这个最大的靠山——贾元春。

端午节的节赏,描写也是暗藏心思的。元妃的节赏是借袭人的口说出来的。第二十八回中,袭人对宝玉说"还有端午儿的节礼也赏了。"上等宫扇两柄,红麝香珠二串,凤尾罗二端,芙蓉簟一领。端午赠扇,是古时端午礼俗。端午送来了夏天,夏天自然是要用到扇子的,而端午赠扇,还暗含有"增美德""送仁义""辟邪纳祥"的含义。

至于其他人呢?袭人道:"老太太的多着一个香如意,一个玛瑙枕。太太、老爷、姨太太的只多着一个如意。你的同宝姑娘的一样。林姑娘同二姑娘、三姑娘、四姑娘只单有扇子同数

斗草

珠儿,别人都没了。大奶奶、二奶奶他两个是每人两匹纱,两匹罗,两个香袋,两个锭子药。"

芙蓉簟,就是编上芙蓉花图案的席子;玛瑙枕,清凉无比;如意,有祈求平安之意;纱、罗,都是做夏衣的好料;香袋,就是端午的香囊,可用来装锭子药,取辟邪消灾避秽之意。这种锭子药,一般多给小孩用上,二奶奶王熙凤有个孩子名巧姐,大奶奶李纨膝下有一子,年纪都尚小,正适合用。可见,元妃心思缜密,选礼物也十分上心。

至于端午的吃食,也自是和寻常不一般的。还是在第三十回:"晴雯在旁哭着,方欲说话,只见林黛玉进来,便出去了。林黛玉笑道:'大节下怎么好好的哭起来?难道是为争粽子吃争恼了不成?'"可见,端午这日,粽子是当仁不让的餐桌主角。除此之外,需得有酒,"宝玉只得去了。原来是吃酒,不能推辞,只得尽席而散……"这吃的酒,应该是端午时家家户户要饮的雄黄酒。除此之外,还有些时令果子自不必说,"才刚鸳鸯送了好些果子来,都湃在那水晶缸里呢,叫他们打发你吃。"

从《红楼梦》第二十八到第三十五回,明写暗藏,细细读来,叫我们过了一个回味无穷的端午节。

丰子恺端阳忆旧

丰子恺在回忆端午的文字中,讲了一则这样的笑话,他说自己的民间生活漫画中，门上往往有一个王字。读者不解，以为这户人家姓王。于是乎，他到重庆办画展，当地李姓人士想订制一副同类画，还特地叮嘱，要在门上写一个李字。这让丰子恺颇为尴尬，他说自己在门上写王字，只是"因为这门上的王字原是端午日正午用雄黄酒写上的……我幼时看见我乡家家户户如此，所以我画如此。岂知这办法只限于某一地带；又只限于我幼时，现在大家懒得行古之道了。许多读者不懂这王字的意思，也挺难怪的。"

丰子恺幼年生长的浙江桐乡，每逢端午节，不仅有粽叶和糯米的香气，更有传统端午文化的滋养，这些民俗文化味儿浇灌在丰子恺幼小的心灵，丰润了关于端午的乡愁和记忆。

桐乡的端午节很是隆重，丰子恺回忆道："我的大姐一月前制'老虎头'，预备这一天给自家及亲戚家的儿童佩带。染坊店里的伙计祁官，端午的早晨忙于制造蒲剑：向野塘采许多蒲叶来，选取最像宝剑的叶，加以剑柄，预备正午时和桃叶一并挂在每个人的床上。我的母亲呢，忙于'打蚊烟'和捉蜘蛛：向药店买一大包苍术白芷来，放在火炉里，教它发出香气，拿到每间房屋里去熏。同时，买许多鸡蛋来，在每个的顶上敲一个小洞，放进一只蜘蛛去，用纸把洞封好，把蛋放在打蚊烟的火炉里煨。煨熟了，打开蛋来，取去蜘蛛的尸体，把蛋给孩子们吃。到了正午，又把一包雄黄放在一大碗绍兴酒里，调匀了，叫祁官拿到每间屋的角落里去，用口来喷。喷剩的浓雄黄，用指蘸了，

仿丰子恺《雄黄角黍过端阳》

在每一扇门上写王字;又用指捞一点来塞在每一个孩子肚脐眼里。据说,老虎头、桃叶、蒲剑可以驱邪;蜘蛛煨蛋可以祛病;苍术、白芷和雄黄酒可以驱除毒虫及毒气。至于门上的王字呢,据说是消毒药的储蓄;日后如有人被蜈蚣毒蛇等咬了,可向门上去捞取一点端午日午时所制的良药来,敷上患处,即可消毒止痛云。"

老虎头、蒲剑、雄黄酒、蜘蛛蛋(意取五毒)……这样的旧俗大多渐行渐远。可每每想起端午节时,除了灶头上那飘着香气的粽子,还是这些充满了美好寓意的民俗事物,它们承载了几代人的儿时记忆,饱满又丰润了端午节日内涵。

悠悠端午,时雨江南。又是一年端午时,谁还在写王字?

做老虎头呢？所谓每逢佳节倍思亲，身在异乡的游子，惦念的不仅是家乡亲人，更有那满是节日底蕴的浓情乡愁。

沈从文，端午边城看划船

沈从文在《边城》里用大段文字描绘了边城茶峒的端午热闹劲，说边城一年中最热闹的日子，也无外乎端午、中秋和过年。

端午如何个热闹法？在这个依山傍水的地方，自然是要赛龙舟的。为了凑这个热闹，全茶峒人在端午那日倾巢出动，早早吃了午饭，出城到河边看划船。若是河街有熟人的，自然是可以占个好位置，否则的话，就只能到税关门口和各个码头去看。

端午的船比平常的船要好看许多，沈从文说它们："与平常木船大不相同，形体一律又长又狭，两头高高翘起，船身绘着朱红颜色长线。平常时节多搁在河边干燥洞穴里，要用它时，才拖下水去。每只船可坐12个到18个桨手，一个带头的，一个鼓手，一个锣手。桨手每人持一支短桨，随了鼓声缓促为节拍，把船向前划去。带头的坐在船头上，头上缠裹着红布包头，手上拿两支小令旗，左右挥动，指挥船只的进退。"

划船的人，都是身体结实手脚伶俐的小伙子；看划船的人，除了当地百姓，"军官税官以及当地有身份的人，莫不在税关前看热闹"。谁最后获胜了，可以领到一匹红、一块小银牌作为奖励,而好事的军人,"必在水边放些表示胜利庆祝的五百响鞭炮。"

还有更好玩的,是赛船后的抢鸭子比赛。"城中的戍军长官,为了与民同乐,增加个这节日的愉快起见,便派兵士把30只绿头长颈大雄鸭,颈脖上缚了红布条子,放入河中,尽善于泅水的军民人等,自由下水追赶鸭子。不拘谁把鸭子捉到,谁就成为这鸭子的主人。于是长潭换了新的花样,水面各处是鸭子,各处有追赶鸭子的人。"这样的风趣习俗至今在湘西地区流行。

看这阵仗场面,壮年男子怕是最高兴的。当然,妇女孩子们也都十分高兴,因为到了端午,就可以穿新衣,也有大鱼大肉、好酒好菜吃。孩子们也依旧俗,"额角上用雄黄蘸酒画了个王字。"这样的热闹持续一天,"直到天晚方能完事"。

汪曾祺,端午鸭蛋香

汪曾祺老爷子宣传家乡高邮从来不遗余力。这不,他又将高邮的鸭蛋在端午节吆喝上了"热搜"。

高邮的鸭蛋好,不是汪曾祺一人说,而是出了名的好。汪曾祺写道:"我在苏南、浙江,每逢有人问起我的籍贯,回答之后,对方就会肃然起敬:'哦!你们那里出咸鸭蛋!'上海的卖腌腊的店铺里也卖咸鸭蛋,必用纸条特别标明:'高邮咸蛋'"。还有一个著名的吃货,也为高邮的鸭蛋"站过台",他就是清代著名食客袁枚。不过,汪曾祺说他并不喜欢袁枚,说这个人的

《随园食单》上做菜的方法都是道听途说,自己偏偏是个不会做菜的。但他写过一篇《腌蛋》,汪曾祺倒是认同。"腌蛋以高邮为佳,颜色细而油多,高文端公最喜食之。席间,先夹取以敬客,放盘中。总宜切开带壳,黄白兼用;不可存黄去白,使味不全,油亦走散。"

汪曾祺就着袁枚的笔墨,继续展开:"高邮咸蛋的特点是质细而油多。蛋白柔嫩,不似别处的发干、发粉,入口如嚼石灰。油多尤为别处所不及。鸭蛋的吃法,如袁子才所说,带壳切开,是一种,那是席间待客的办法。平常食用,一般都是敲破'空头'用筷子挖着吃。筷子头一扎下去,吱——红油就冒出来了。"

端午,不仅要吃咸鸭蛋,高邮的孩子还要挂"鸭蛋络子"。说白了,就是挂蛋。"头一天,就由姑姑或姐姐用彩色丝线打好了络子。端午一早,鸭蛋煮熟了,由孩子自己去挑一个……挑好了,装在络子里,挂在大襟的纽扣上。"这个鸭蛋可是孩子们的心爱之物,等玩高兴了,便把鸭蛋从络子里掏出来吃了。

端午的鸭蛋好吃吗?自然是好吃的,"新腌不久,只有一点淡淡的咸味,白嘴吃也可以。"难怪馋了汪老爷子这么多年。